大展好書 好書大展

大展好書 好書大展

心靈雅集
66

具佛心享永生

心靈雅集編輯群／編著

大展出版社有限公司
DAH-JAAN PUBLISHING CO., LTD.

前　言

人類之中存在著靈的神性，此種靈的神性換句話來說可稱爲「靈的自我」，尤其在自己睡眠之中「靈的自我」覺醒了，由於此種靈性磨練，自己就能成爲神，這就是「人即是神」的教義所在。

本書想闡述的內容是，只要憑著人對信仰的虔誠，就能與神、佛接近、或是能和神佛成爲一體。

神佛是生命的根源，且在所有的事物上都聚集在這種精靈，但是，若要所有事物都超脫成爲神佛，是件相當費力的事。

舉個例子來說，給予人極大的病痛也是神佛旨意，但能與神佛一體的話，這種病痛就能立即消失無蹤。

反之，我們在萬般苦惱不得而解時，就是因爲還不能夠與神佛一體的緣故。

或許這個世界可說是地獄、是苦海。但是，從另一個角度來看，這個地獄、這個苦海，全都在神佛的手中，而且神佛之世界若沒有病就不會苦痛。神佛是清淨的，因此沒有煩惱、也不會有病痛。

人，因身負著病痛，所以必定會陷溺於煩惱之苦海中。如果能努力的去接近神佛，與神佛成爲一體的話，則靠神佛之力量去病消災，一定能扭轉乾坤否極泰來。尤其是，自己覺得已與神佛成爲一體時，必然會發現來自於人的病痛、苦惱瞬時一掃而空。

這對神佛來說並不是一種病，而是神佛所參悟出的一種哲理罷了。若要從這個世界的地獄中逃脫出來，而且想要脫離自己的苦痛，則努力去接近神佛、誓命超越苦行，與神佛一體是最重的一件事。

而爲了與神佛一體的努力是無限的。首先需要能忍受激烈的修行，或者是把向神的祈福當成爲每日生活的必須課程，或者是不一定要用這種苦行修煉的方法，只要在平靜的日常生活中，依然能與神佛結爲一體。但是，爲了與神佛長期成爲一體，自己必先認爲自己是與神佛是一體，這才可說跨出了第一步。擁有這種自覺後就可每天把神佛描繪在心中了。

目錄

第二章 苦無神佛則問題叢生

第一章
神想觀與佛教的智慧

神佛不會拒人於千里之外

神佛是參悟、是教誨、是生命。所有天地運行之中都有神佛的存在，所有的生命之中也都有神佛之心在運作。

的確，誰也沒有見過神佛。但是，雖未見過神佛卻有感覺祂的存在。於自覺神佛存在時，此人就會看見神佛，這可說是向神佛跨出了一步。因此，不論是多壞的人，或是病得多嚴重的人，只要相信神佛就能接近神佛，而且憑藉著這種堅定的信仰，不久即將能與神佛結為一體。

在與神佛成為一體時，這並不是單由肉體條件來支配人，而是藉由靈的神性支持而形成的。同時，不會有苦惱也不會有惡運，而且能達到盡善的境界。因神佛是清淨、參悟、涅槃的樂土。

人自覺有神佛時，神佛不會拒絕此人。通達神佛之道是人人皆為平等。即使是殺人犯、重病將亡的人、或苦海翻滾的，只要心中有神佛即能由剝而復。

但，陷溺於苦惱之泥沼中人，必定是與神佛一體之決心薄弱的緣故。

常常可見求願祈福的人到寺廟參拜，但是，祈願的目的並非祇有單向神明拜託求事，而是爲了與神佛一體而做的修行。光靠自覺及信仰的努力是不能與神佛同化的，必須還要以護摩修法來補其不足的部分才是正確的祈願方法。

當然祈願以及信仰都是與神佛一體化的方法。

爲了自覺到靈的自我，須親自向神佛、修行者祈禱。當然通往神佛之路也須有修行者的開闢，才能順利通達。根據密教密法中陀羅尼的首先發難，陀羅尼就好似開山闢路的炸藥，做一位先驅者。

同化成爲神佛或是自己有自覺時，就可以超越有限的凡體，轉生爲無限的神佛。

在那裡沒有疾病、沒有痛苦、更沒有惡運。從一切的塵埃中翻滾出來，到達寬廣清淨的世界。

舉凡衆生皆有佛性

釋迦牟尼在涅槃經中曾提到「舉凡眾生皆有佛性」。這句話就照字上所述，一點也不困難。這就是說所有的人皆含有佛性。也就是釋迦牟尼所要闡述的道理。

雖然每一個人都有佛性的存在，但，都以帶有煩惱苦痛的柔弱軀殼，因此，如以這種姿態想來接近神佛是幾乎不可能的事。

如果能在信仰及信心方面有「深切的信仰」、「確切的信心」，這樣一來自己心中所隱藏的佛性就會顯露出來，與神佛更加接近。

人都有佛性，這種佛性的表現是依各人正確的信仰及修行，一步步磨練出來，才得漸漸提升與神佛結爲一體。

就因如此，首先一定要有「自己有佛性」——。「自己有與神佛結緣的可能」的自覺才行。

親鸞上人曾於和讚上說：「有偉大的信心就有佛性，而有佛性就有如來。」也曾說：「相信神佛之心就是神佛，也就等於是如來。」總而言之，只要不論身處於何時何地都存在著這種信念的話，就能如親鸞上人所說，到達佛的境界。

以宗教來說，特別是佛教，以凡人來自覺佛性，由於這種自覺，加上這種佛性的磨練，目的就在爲了達到頓悟世界。

弘法大師也在「性靈集」中談到：「心在灰暗時，即是災禍將來之兆；眼睛雪亮時，則是前途似錦之徵。」

心灰暗時——，這就是佛性的自覺尚未萌生之時的黑暗期。

對於還沒有自覺到佛性的人來說，全世界都是一片漆黑，因此只要一出門就可能會有災禍臨頭。但是，只要一自覺到佛性，領悟了真理，遍地之石都有可能變爲黃金。

空海大師認爲人應該背對黑暗，迎向光明。也就是說要人「棄暗投明」的意思。

這暗示著自己沈睡已久的佛性，必須從苦惱之海中脫離出來。

生命是來自神佛

為什麼所有的人都附著有神性、佛性？其實我們的生命正是來自於神佛。

由神佛之手帶來的這種佛性、神性，幾乎被我們迷失的心靈及貪婪的慾望重重包圍著。因此，原本人所具有的清淨根就難以展現了。

出生的時候，雖然神佛給予我們靈魂，但由於凡間事，使得原本清淨的靈魂塗上了一層陰影。而當再度發現在清淨之神的靈魂上塗滿了厚重的煩惱……這就可說是通往佛門的途徑。

人的靈魂原本是清澈無暇，是具有佛性的，而且也具備有著菩提心。

雖然草木、鳥獸以及所有的生物的生命都來自神佛，但是值得慶幸的是，只有人類才存在有佛性。

草木不知有努力，當然鳥獸更不會知道要去努力。所以鳥獸或草木自身所存在的清淨之心、菩提之心或是佛性，也就不可能有被琢磨發揮的一天。

靈魂之鄉是神佛，生命的根源也是神佛。

神佛與人，自古就有不可分的關係。所以說人即是神佛，神佛即是人。就因如此，人可以藉由對信仰的努力來成仙成佛。雖說如此，但「成佛」一事，並非如大家所想是死後成仙的意思。

「成佛」即是「成爲佛」「與佛結成一體」——。在這裡首先是由病痛之源、悲哀之海中逃脫昇華。人的靈魂是來自神佛之手，而人是借著肉體由神佛送至人間。

自覺有佛的靈性時，再確認與生俱來由神佛之手所賦予的生命，這樣就會感到自己的靈魂是清淨的了。

若說非常容易分辨的話，人與神佛之間是有條看不見的絲在牽繫著。並不是真的結在一起，而是神爲人、人有佛，但是用牽繫這樣的形容詞來解釋或許會較爲易懂。如一邊拉著這條絲線，一邊一步步朝向神佛，終究佛心會洗淨自己的心靈。

於是由於自己歸回靈魂之鄉，煩惱和疾病就會得以解放。因爲自神佛得到靈魂與生命，所以神佛就成了人的故鄉。人尋求這個故鄉以歸回……因此到達之時，所有的苦悶就會開始得以解放。

真言宗的祖師曾說：「佛日之影，呈現於眾生之心河上。」

這有一幅易懂的畫來說明佛的存在。就是眾生的心河中，浮現著佛影。唯清澈的心河中，佛影、如來之影浮現著，這不就說明了佛與人成爲一體的實證了嗎？

任何人自出生時都會有神佛的眞實感

無論是無信仰的人，或是摒棄宗教的人，自出生之時起就已經與神佛共步了。

到現在爲止對於上述這些說明，應該多少也瞭解了一些吧！與神佛同生及共步，是我們的生命，也是我們靈魂，更賜予我們的一切。

在生物學上、遺傳學上可能有各式各樣的解說，但，追根究底去尋找原本人類生命的動力的話，那裡就是神佛的聚集、生命的意志所在。我們生活在這裡就是宇宙的哲理、意志。因此，人們爲了追求更好的生活方式而努力，也爲了求頓悟而苦行。

若只是單純的自然發生於這世界的一個個體、一個生物的話，永遠不會有機會從這苦惱、悲傷的世界逃至自由的樂土。

偉大的聖人們，人們不可能很容易就脫離苦海，雖然須經過惶恐不安的苦行，但是潛心修行、盡力思索一樣可以達到目的。每一個人都隱藏著神佛的靈性，由於琢磨鍛鍊，而提升自己與神佛同等位，且可以發現偉大的生命與自己的生命是緊繫在一起的。

即使是剛出生的嬰兒，安睡在母親的懷抱中時，會無意識的感到那裡有生命根源的真實感。出生，至安睡於母親的懷抱——。這種感覺就是神佛的真實感了。

有個小孩被欺負而哭了……看見了這件事而起惻隱之心，這就是佛心。

即使是小小的感動也會反應在自己的心上，這種內在的表現，可說是有神佛的真實感存在著。此般清淨無邪的心靈不久會隨著年紀增長，而被各種煩惱污染、蒙蔽，以至於這種惻隱之心漸漸消失無蹤。

這就是爲什麼會離神佛而遠去，與神佛逆道而行的道理了。因此，病加重了、煩惱也就擴大了。若能以赤子無邪之心與神佛結爲一體的話，那麼所有的疾病與苦難將不會存在。

夏日裡一陣風吹過，那種清涼宛如真實的生命一般，這就是神佛的真實感。疲憊的雙目中，浮現著山邊的夕陽，這種對美的感動有如對生活感到充滿幸福一般，這也是佛心的真實感。

人們所到之處必有神佛之存在。

神佛的真實感與自覺，是自己心中存在佛性的自覺與發現。在醒悟到自己的佛性而自覺時，已開始了自救之道了。

讓多數人有神佛的真實感，及自覺與神佛共存——。這就是我們佛教徒的一天使命。

人自出生開始，窮究最理想的生活方式，就是為了成佛。死後成佛，就是說明了在生之時不能成為佛的悔恨詞吧！

我想人類終究是會脫離苦海而成佛的。

雖然如此，但是為了成佛仍需付出極大的代價，且絕不僅止於此，要確定佛為高目標，朝著它努力前進才是。

即使是說易行難，又難免會走錯或是遇到挫折，但如能一步步朝向佛處漸行，不久也必定能同化成為神佛。

若真能與神佛溶為一體的話，不但目前的病痛會馬上痊癒，連長期困擾自己的苦惱也能一併消除了。

祈禱是爲了與神佛一體的感應法

爲了成佛而修行，是不限方法的。如在衆所皆知的瀑布下唱真言之水行就是一種。打坐冥想，看心的深處也是一種修行。翻山越嶺，將自己置身於野外之荒行，也稱得上是成佛的一條路徑。

但是，採用這種特別修行的人，是不能枯坐冥想、坐二望三。我認爲這種特別的修行，對一般人不是非常必要的事。

「對真實信仰的醒悟」——這是與神佛成爲一體的初步工作。拜佛、皈依三寶，這就是入信仰之大門。

在我心深處，佛心、菩提心就是佛性，且身爲實踐菩薩行，堅持虔誠的心以度日。同時，以護摩的修法確實行向神佛。這對一般衆生來說是與神佛一體化的最佳途徑。

偶爾在接受護摩的修法時，會被有三密加持的恩澤。這種祈求也與日常的信仰合併，這對與神佛一體化是非常重要的事。

由修行者焚燒護摩。且靜下心來、沉浸於清淨之佛土上。使自身言行一致。這就是藉著祈禱與神佛感應的另一種方法。

至於三密的加持，以誠心拜佛與神佛結合，雖然有著某種關係，但這也是極盡所能爲了能與神佛合一的緣故。

空海大師曾說：「加持就是表現了如來的慈悲及眾生的信心。加上佛日之影、呈現於眾生的心河之上此說，修行者的心河常持有佛日之感。修行者若以此爲常觀，按照三密，就能顯現證明三身。」這種心的狀態，在即身成佛義中也曾提及。

簡單來說，我們把強烈的信心以口唱出真言，以佛通我心於兩掌合一時，佛日之影就會有如光亮般反射在自己的心上。因此，焚燒護摩的修行者，由於有感於佛光，及祈願者與修行者爲一體來接受佛的功德。

所以，如何持著深切的信仰與佛融合是一件極重要的事。例如，皎潔明亮的圓月，若照在污濁的河水中則其光暗淡，若照在波濤層起的川面上則其光散去。而且，清靜之心映照明月，宛若平靜的心河照輝著佛光一樣。

擁有這般寧靜的心，即是有堅定的信仰，而這種信仰的心是不可或缺的。

修行，並不是指非要在己身上加上千錘百鍊以磨身性。我們與生俱來已有佛性，只要自覺佛性，並於日常生活中以祈願爲中心，由於本身接受了加持的祈福，就能與神佛感應成爲一體。

堅定的信心與日常的祈禱——由於加持祈禱而加持成佛。這是每個人都可以做得到的事。

但是，不知祈禱的人，是自己還沒有自覺佛性的原故吧！

若想要與佛成爲一體去除疾病、雜念的話，必須要先能祈禱、要能思佛。

置身於神佛之前

置身於神佛之前，是要自己本身什麼都不想。自己成空時，才得與神佛合一。

就像犯了罪的人是犯人貌，生了病的人是生病貌，如排除這一切不安的意念，使自己化空就能呈現於神佛之前。

坐禪就是使自己化空的方法。祈禱時唸唸有詞、向神佛雙手合一也是一種方法。

空即是清淨的意思。有了清淨的心，就能於心中開始迎接神佛了。

自己化空，成爲清澈的個體時，自己的佛性與神佛相呼應，就能成爲一體了。

谷口雅春大師，在其著作中也曾論及「拚命去解決一個問題，則會反其道越弄越糟」。有了雜念而想要解決問題就會亂了其道。

舉例來說，拼命地祈求神明，希望祂幫你找一條成功之道，但通常都會背道而行。這就是自己一直想著別人在幫你找，而自己也一直掛心，因此這種雜念就會使自己與神佛遠離。

在這時候，若能摒除雜念使心到處去旅行，或許自己在無意之中就能發現一條坦蕩蕩的捷徑了。……這也是他曾說過的話。

面對神佛以若白紙之心時，自然通往神佛之路就會敞開，且沐浴於神的恩澤中。

這白紙之心，清淨之心才能使神的恩澤源源不斷流入。如此就是把自己置身於神佛之前。真正的信仰是必須要捨棄自我，只有神佛就是我的意念。

我就在神佛的心中，神佛的手中。當擴大對神佛的信賴感，使一切的雜念都消失時，神佛與我的一體感也就應運而生了。

即身成佛

弘法大師的人生觀、佛教觀就是「即身成佛」。

即身成佛的意思也就是說：「人，在被煩惱、迷惘困惑時，其本性的佛就會被埋沒。若是經由磨練的話，人，就能成佛。」

現實的肉體在即時的頓悟中，就可顯現出佛性。

身、口、心的神秘功用叫做「三密」，一致而行時，眾身與佛成為一體，且其人就可顯露出來。

若凡人的三密連同佛的三密加在一起的話，會產生不可思議的事，這叫做「三密加持」。而加持，則是佛的慈悲與人的信心結為一體，專心至致，根據密法祈求這種實現的方法。

要自己活也要讓別人活

自己化空，是以坐禪時的身心意識上的問題，並不是以這種的所作所爲，這在生活之中保持自己的清淨是非常重要的事。

追根究底來說，就是不作分外之想，一心一意的念著神佛。這光是以嘴來說是不夠的，由於和神比較時，人顯得渺小、卑賤，但若擴大謙讓之心，也許就能達成。窮究謙讓之心，並不是自己活著就可以了，還要讓多數人能存活下去。

我們生於此世，受父母養育、師長教誨、朋友扶持，才能完成整個人生。

由於與多數人的接觸而喚醒了創造人生，及報恩的念頭，才能步向真實的人生。而且，自己才能以謙虛的方式做爲人生的出發點。

釋迦曾說過四恩回報之教寓。大乘佛教中四恩回報，是以菩薩行爲說教的重點。空海則對恩解釋爲雙親之恩、國家之恩及大眾之恩，以求此四恩之教的實踐。在此，大師們經常實踐了四恩回報來拯救各地眾生。

人於生下來，就開始了報恩行動。這種人間關係在佛教上就稱爲是「緣」。每一個人都是被生下來的，也須負起繁衍後代的責任。因生而生……這種輪迴就是佛教起源的姿態。

一個人生雖極短暫的，但常常因緣而接觸，也由於實踐四恩回報，排除了世俗的雜念，自己也就與神佛合一了。

神就在感恩之心中

四恩回報換句話來說就是持著感恩之心以渡日的意思。神佛是無處不在、廣大無邊的。而且常存於人的心鏡之中。

感恩之心也可以說是祈禱之心。自己的心以感恩的姿態就能與神佛同在。

常有人問我信仰是什麼？我都回答他們說那是以心爲田，以祈禱爲種。若心田是一片荒漠，則不論以何種祈禱都長不出芽。這也就是說，不論向神祈求，如果心中一絲誠念都沒有的話，當然不可能會開花結果。

種瓜得瓜，種豆得豆——。田地肥沃則果實豐碩，若田地貧脊則可能連瘦小的瓜果都長不出來。所以，心（田）上用正確的祈禱（種）才能長出又甜又碩大的果實來。

因此感恩之心才是清淨之心的代表。清淨之上有正確的祈禱……

祈禱的種子。好的種子能培育出好的芽開出美麗的花

這才能開出清淨之花，無瑕之果。

爲了培育幸福之芽，須向神佛獻上感恩之心。對於天地父母，要摒除雜念現出自己感恩之心。這是最基本的信仰。

但是，如無感恩之心，想要迎神入心是不可能的事。因此，神佛的智慧在流入己身時，必先充滿著感恩之心才行。

祈禱是爲了表現對於自己的出生的感激，也是爲了成爲神的自信之詞。但，這自信之詞決不是傲慢之心、也不是不敬之心。

來自於神佛的生命，也可以說從天之大靈中下降的一個小靈。這就形成了我們。

靈的本質就是神佛的本質，是超越了悲哀、痛苦與喜樂。神佛是無限存在的。當這種大靈與小靈融合時，所有的苦痛都會消失，我們也會無限存在的。

神想觀與密教的智慧

「神想觀」照詞面的意思就是虔誠的思慕神，可以說就是把神喚入自己的心中的意思。

這裡只提出一種神想觀的神示。

『能體諒人者常保活力之源。呼叫我者之源中我就在那，能減輕你們的負擔。你若是一人，思念我則與我同在。』

神想觀就是一心一意的念佛，呼喚神到自己的身邊。

某大師說：「神必須要以呼喚才會到來。」雖然「若你一個人想我，就是共有兩人」，但是他說過，呼喚神者必定要有與神同在且與神同步的自覺。

真言密教中以修法的目的來說，是修行者行經的一個儀式之後與大日如來成爲一體化。這就和神想觀非常的接近。雖然神想觀是一樣修行，但這並不等於是像密教的一種秘儀修法。可是，密教中的秘儀修法卻有加上一種修行的形態。

在人類小小的宇宙中，存在著大日如來無盡的宇宙，這不是以人間一般小理論或小知識就可以瞭解的。想要理解這種道理，是必須直接觀察神秘的領域，因此也必須要有密教的秘密修法才行。這就是，神佛進入己心，自已進入神佛之心兩者合爲一體。或許可說爲是入我我入的瑜伽觀法。

雙手合併、口唱真言、心中化空就是想著大日如來。雖然這稱爲「神想觀」，但是密教把此行爲提升認爲是一種秘法。

根據大日如來的加護力，修行者與大日如來一體化。這就達到成佛的境界。秘法是一種可能的加持力。

若達成了立地成佛，就會有不可思的神佛之力、就能百病痊癒、災禍全除，而產生從屬的加護力。

神佛之姿態千變萬化

對於一個初次接受信仰的人來說，一定會對神佛千變萬化的姿態有所懷疑。

人在腦海中所浮現出的其中一個佛像，這佛像並非就是神佛的真面貌。而神的面貌也不是穿著白長袍、手持著柱杖的白衣老人這種樣子。就如同神也不是像基督教中背負著十字架的神一樣。雖然，這都確實是神的一種姿態，但卻並不是完全的等於是神。

當然，神佛是沒有固定的一種面容。

神是樹木、是風雲、是快樂、是悲傷，所有的東西都有神的氣息。若要以祂的形象來說，那種無限可及的姿態，是無法用圖繪、言語來形容的。

世界上所有的東西，都是得自於神佛才有生命、才有軀殼。不論是何物質、或不論是以何種形態出現的科學道具，這都是神的心所策動的結果。

神佛若是有其具體的形狀，則這以做爲信仰的對象來說或許是真的不方便。若神佛有固定的形態，那麼我們隨便都能成爲一體了。

神佛是有超越時空的力量。因此，神佛不論身在何時何地，只要有人想佛時，祂就會成爲被信仰的對象。

神佛是無盡的。我們的肉體軀殼則有一定的使用期限，什麼時候該來、什麼時候該死都是命中註定。

即使，多麼有效的仙丹發明了，也不可能使壽命無限延長。長壽的人已活到一百一十幾歲，雖然依然健在，但是，誰也不能保證他能活至二百歲。如果有可能的話，那麼活到三百歲呢？就算人類的肉體可比神仙，但畢竟也是有限。

但是，神佛若在我們的肉體死亡時，會普照我們的心靈。當此時神與我們同在時，我們則得永生。失去肉體的靈魂，與神佛結爲一體，那麼就能永遠的活下去了。

神佛是絕對超越了苦痛及死亡，而於無限存在之境地。

肉體老化時，皮膚會出現皺紋，頭髮會變白脫落，會變成耳不聰、目不明。但是，與神結成一體時則永遠充滿青春活力。

戴著老花眼鏡的我，這只是單純的肉體，而與神同在的靈魂則是永遠不變。

偉大的生命，對於擁有肉體軀殼的人類來說，神性只注入個別的靈魂之中。而這種神性在肉體不能長存，實在可說是一件很可惜的事。

與神佛結為一體，延續無限的生命——。這就是真正信仰宗教的目的。

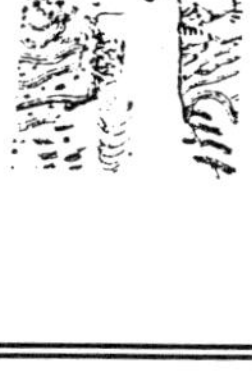

側耳傾聽則得知佛聲

所有的生命都是來自神佛的偉大生命。目前存在萬物，都有神佛的存在，也都來自於神佛。人，若是單純的物質，則人一定不具備思考的能力。因爲物質是無法思考的。

而花草、樹木是沒有神佛存在的植物，但是它在四季之中的變化卻是我們難想像、理解的事。可是，即使花草、樹木有神佛的心存在，但它們也無法與神結爲一體。唯有人類是最接近神佛、能夠與神佛成爲一體。

這是爲什麼呢？因爲人能自覺有神這一回事的緣故。自己的生命深處無意識中有神的真實感存在。若沒有神的真實感在，又如何能想神呢！

不知有麵包的人不會買麵包來吃。不知有香蕉的人更不會想去種植香蕉。所以說，根本就知道有神，又如何去信仰神呢！

追根究底來說，就是聽其聲能知其人。即是，能聽到所發出的聲音，就能知道此人是誰。

我們自神佛所發出聲音的方向側耳傾聽，一定在心中可聽見神在呼喚。而且想要聽見這種聲音的心，必須是良心之心、道德之心、向上之心。

所以，若能聽見了神佛之聲，也就能與神佛結爲一體。雖然心中常可聽見病痛之音、苦惱之音，但是，這種悲痛之音不是神佛之聲，而是身爲動物的一種苦痛的悲鳴而已。

此時，若持續堅忍生病之苦，側耳傾聽佛聲，領會了非言語之言語，與神佛爲一體，則就能從百病中解放出來了。

而來自己心的聲音除了苦痛的悲鳴以外，還有與我們同在神佛之聲，如能瞭解這種非言語之語的話，就是脫離苦痛之法門。

聽得見神佛之聲的人，能夠得到解脫，也能克服任何艱鉅的事情。

側耳傾聽神佛之聲，就是接受神的智慧。這是一種非常神奇的一種感應傳授，也是一種神佛智慧的靈力。由此可脫去凡人之身與神佛同登大極之殿了。

成爲神佛之子則脫離苦海

能聽到神佛之聲，就能與神佛成爲一體。換句話來說，自己本身是神佛之子的緣故，神佛之聲就會在心中響起。

神佛是一個能越過悲苦喜樂的一個化空的世界。這就叫做涅槃，叫做頓悟，是充滿了極「樂」的一個美麗世界。

人是從神佛的智慧分離出來的，有思考事物的能力，能感覺所有事物的悲與喜。

對神佛來說，是沒有苦這回事，也就是涅槃。用言語來形容的話，就是「樂」的世界。

「有樂即有苦」，在世間人的身上充滿了這種世俗迷惑的實感。

神佛的世界只有「樂」，是一切都化空的世界。

與神佛結爲一體的生活，是快樂、幸福、健康的生活。

「有苦即有樂」是一句人間教人的諺語，但是，事實上仔細深入思考佛的話，是有些出入的地方。

若把奮鬥之事當做是苦，則「有苦即有樂」。如果刻苦耐勞的工作，不久之後就會嘗到快樂。假若與神佛一體的話，辛勤的工作也是一件「樂」事。因爲辛勤即是神佛之心。

世界上並非「苦」與「樂」都是共存的。這個世界的原本是一個「苦」的世界，唯有與神佛同在才能得到「極樂」的世界。

神佛永遠都在護佑著人

這宇宙的萬物都好比是偉大生命吹入的生命氣息。不論是天上的星月，或是地上的花草蟲獸都有偉大生命的存在，才能栩栩雀躍。而且，這偉大的生命經常都存在人之中守護著人。

守護人類的古老祖先之神我們稱之爲「守護神」，雖然守護神是單獨的個別的靈，但是，自從古老的時代起就與大生命結合，守護神已與大生命融合爲一體了。

人們請相信不論何時何地，都有神在守護著我們。不論是在工作、吃飯、或是外出郊遊時，自己心中常想著神佛，而與神佛合一，這樣就能得到偉大生命的護佑了。

偉大的生命是自己，自己與偉大生命的根源相繫不息。

對這大生命來說是沒危機，沒有絕望。會經常安定、平和。由於我內在的生命與大生命結合，此一大生命的智慧就流入自己本身，根據這個智慧得到了生命的方針，但獲取思慮的智慧。神給了我們對於事物深思的智慧，這個大生命（神）之泉就充滿了我們的體內，給予我們莫大的勇氣與向上的自信。

與大生命的結合，並不是都能實現所有的願望。自己是來自於神佛的一個生命，神佛的生命存在於自己之中。人類的肉體只是神靈所包圍住的一個宮而已。我每當想到自己生命之源時，我的內心深處就會和大生命互相呼應，而與神佛合一。

由於內心存在的神佛，自己本身在想到爲什麼出生來到這個世界時，就能感到神智慧的存在，神的萬能。於與神佛融合在一起時，也會相信有神在保護你。

當然，大生命將你包圍。但並不只有你一個而已，你只是與大生命共同生活的一個個體罷了。

雖然神佛能實現任何的願望，但神佛是淸淨是空無。爲了與這生命調和爲一體的話，則自己必須自善其身，成爲無慾的主人，摒除一切雜念，才能與神佛同在。

因此，與神佛完成一體化時，所護佑的自己是包含了有關周遭的一切事物。當然，由於你心中存在了生命力，自己也將被守護。

因爲有了一切事象均在我身的認知，得以琢磨自己、提升自己與大生命融合在一起。若能成功的話，自己隨身隨地都會有神的護佑。

神佛的加護並不包含了恨。若是至今仍未得到神佛的加護，則自己本身須知是否努力不足，或是自覺佛性不夠。

如果真是如此的話，則必先磨練自己，提升自我，當自己成爲神時才能得到守護。

與神佛一體化眞實的生活

人皆能成佛——若說人當然能與神佛結成一體，一定會有人說：「不可能。自己與神佛合一是多麼恐怖的事……。」也會給予我懷疑的眼光。

但，也有人說：「說出如此大不敬的話，是會冒犯到神的。」

雖然，人一生下來是沒有犯罪的念頭，但是，如果一生下來就是犯罪者的話，這個人，必須想自己是否有神佛的存在，或是自己是否有佛性？這個答案是「否」。自己若會想自己是否有神的存在，則實際上這個人就是一個謙虛不假的人。

琢磨佛性成爲佛的自覺，必須自己踏上佛道，才能感應到這個自覺。

另一方面，做壞事、憎惡人、陷害人的人，是能拿什麼來琢磨自己的佛性呢？

自覺自己成佛之芽正在冬眠時！必先給予陽光、灌溉、施肥，最後才得以長成大樹，自覺佛的崇高之心也應當是如此。

自己有佛性的自覺，才能步向真實的人生。

自身之內有神佛的存在，雖然念佛能提升自己的勇氣，但同時爲了磨育內在之神佛，必須將自己行爲的節奏與神佛同步，而且要自己以嚴謹的方式生活才行。

不論有多麼清淨之心、善良之心、若不能正經的在自己的生活中琢磨自己的佛性，則無法與神佛成爲一體。

自己本身存在著神佛……自覺成爲神佛之素質已睡著了時，神佛之心、神佛之法，加上特別的氣質，必須在自己心中產生。

這是何等的傲慢啊！有信徒說，這對我是「多麼恐怖的事」。神佛，並不只存在自己本身，連同自己以外自己願望神佛都有存在，也都能護佑。

神佛是絕對存在的，雖然人們跪伏在祂的面前，請求祂一定要給予幫助，但同時我們自身也能同化此一偉大的力量。

但是，光引導我們的並不只有存在的神佛而已，自己本身爲神佛而置身於涅槃與平安的世界之中，也是極重要的事。

總之，自己能有神佛自覺的人，才能夠步向正確真實的康莊大道。

憎惡、暴戾則神佛遠離

與神佛同步生活，這即是與神佛結爲一體的首要條件，前面已敘述過了。

神佛雖然是清淨、善良、涅槃的境界，但是，爲了自己與神佛同化，自己也必須是清淨、善良、涅槃。這才能生活與神同等節奏。因此，與神佛之心距離最遠的人則容易迷失——，這不就是指憎惡與暴戾之情感嗎？

如果說佛教大慈大悲的心的話，對於小小個人的憎惡與暴戾，是在人類沈睡的佛性之中距離最遠的了。

憎惡與暴戾，本來是天地的一種法則——，即是背棄大靈之心、是反抗與不安之物。

朋友對於朋友，或是暴力的中學生憎惡老師、老師憎惡學生，這種怒氣不合的事情，極容易向意志薄弱的人靠近，或許這就會傷了沈睡中的佛性，使之發揮不出來。

佛心在生氣時，就如定佛一般，臉上就會出現不悅的表情。也就如同在斥責小孩的母親，心中隱藏的悲痛一般。

對於摧殘天地自然法則的人發怒時，這一定會是很嚴重的指責。以其憤怒之源變為人，就如今世所變的一樣。

對於微小的個人、卑微的怒氣，例如，其憤怒或怨恨，自眼睛看出，以為是正常的行為，但是從佛道的角度來看，這就是迷失在一個小角落的行為。

這種小小的怒氣，常常在現今都會爆發千萬次以上，而且無法根絕。

犯罪當然增加了。對於犯罪必須表明嚴厲的態度。

但是，對於犯罪這種事實，都是憎惡與暴戾所產生出來的結果。若侷限於這般憎惡暴戾之氣中，人神共體是決不可能的事。

混亂的現實，變化多端的當今，必須找出孕育這種戾氣的根源，並杜絕它。

交通事故、校園暴力、貪污、搶劫……等事件層出不窮。的確，這些事件一定有其犯罪的主謀者。但是，以這種個人的暴力來看，不可能會有什麼建設之芽，也開不出美麗的花朵。若開不出花朵則當然結不出果實。在這般憎惡、暴戾之不毛之地中，念佛也是不可能的事。

不能念佛，當然不能與神佛成爲一體。

自己希望得到幸福，也必須使別人幸福。

人類皆是天地自然、宇宙大地所孕育出來的生命，絕不可能無視於他人而自己獨自苟活。若是自己生活於幸福之中，而別人卻在痛苦的深淵中掙扎。那麼，這種幸福是不值得感謝的。在不思感謝的地方就沒有祈禱，沒有祈禱的地方又如何能有與神佛一體的期待呢！

過著每日灰暗、憤怒的生活，臉色青黑，內臟也疾病百出。這時若是生病了，神的加護力就會減弱，自己的佛性之光就會暗淡，所以就不能與神佛融合，從病魔的手中脫逃出來。

人人爲己，己爲人人，這就是神佛教義裡的菩薩行。

不論是潛伏著多麼重的病，只要念神，當與神一體化時則百病除且會無憂無慮了。

憤怒及憎惡的情感，是不能擾亂與神佛的一體化。

前面已經說過，人與人的關係全部是靠因緣。若持著怨恨的話，這種因緣就會變成怨恨的因緣了。而要改變這種因緣，則要靠信仰。以深信仰來念佛，自己自身有神佛的自覺，那麼，幸運之路就會爲你敞開大門。

第二章

若無神佛則問題叢生

與神佛同在絕不孤獨

與神佛一體化就能驅走孤獨。人若是真的孤獨，那不是幸福。但是，換句話說，人本來就是孤獨的動物。例如，有妻子、兒女，但人與生俱來就只有一個個體，這是不爭的事實。

自覺到這種深切的孤獨感，這就算是活著的一種覺醒。孤獨之存在，所以人感到寂寞——。但爲什麼這種寂寞的人們還要互相怨恨呢！——只要顧及到此，心中之佛則運行而生，也就會產生慈悲及愛。

愛所到之處絕不會孤獨。心中念佛也不會寂寞。

「我一個人只要心中思佛，就會覺得有神佛在伴著我。」

如背棄了神而面向孤獨，則這是沒有愛的孤獨。或許與其說孤獨，不如說孤立來得好。

孤獨與孤立乃似是而非的東西。

在這裡若沒有對愛的認識或對神的認識，就算與多數人的家族同住、歡唱、享樂，則仍有孤獨之感。

但是，思佛認爲自己就跟隨著神佛，則不論何時何地都不會孤寂。

人類是一個人出生，一個人死去，這是現實，是宿命。但是，若能與神佛同在，則不是一個人生，一個人死，而且也不會有任何的孤寂感。

雖然有人不能瞭解自己而有所感嘆，但感嘆的這個人也不能理解他人。不僅是要求他人的理解，自己也要理解他人。相同地，也不僅要神伸出援手，自己也須提升自己才能與神結合爲一體——。這種領悟只是一種瞬間頓知的自覺。

人若能去理解一切，則自己已朝向神佛之境界前進了——。這種思想，無疑是一種愛，一種與神共同生活的前奏曲。

孤獨的恐怖是由於喪失了慈悲之心的緣故。

在斷絕對別人的慈悲之心時，自己就會沈入黑暗之中。

詛咒他人、憎恨他人、不去理解他人，而把自己封閉時，這就如同生活於黑暗的地獄之中一樣。

一個人生，一個人死，是人間難以變更的現實，所以原諒人類，與神同步……於此產生了祈禱，也產生了愛。

刻苦是爲了與神佛一體的關鍵

的確，在今日對於背負煩惱痛苦的人來說，是有理由的；而想從這苦痛之中早日脫離出來，也是當然的道理。

「爲什麼只有自己必須這樣百般辛苦……這種辛苦爲什麼只降臨在自己身上？」

「這世界上難道沒有神佛嗎？」

有這種感嘆的人在現實生活中存在不少。

事實上，人生確實有許多不公平、不平等的地方。有的人身負重病；有的人發生事故；有人喪子；有人孤苦無依。感嘆「爲什麼所有的惡運都降臨在自己的身上？」有的人則忍受不了這種痛苦的折磨，最後選上了死亡這條路。

苦惱的質與量因人而異，若能持有較大耐力的人能渡過，若不能堅持下去的人，則可能會至萬劫不復之境地。

這個人生，是無法用筆描繪出所有背負苦痛的人。

訪問過很多背負苦惱的人，若與他們談起神與我們同在時，他們都會不假思索的避而不談，認爲是神話。

雖然是同樣爲人，卻對神佛有著不同的想法，有人還會認爲神佛是「恐怖」的事。

雖然在佈教上與多數苦惱的眾生見面時，這種苦至少會減輕百分之一，但我還是認爲仍然強烈。我當然不是精神科醫師，也不是研究哲學者。但在以似神佛之身來救人時，隨著神佛之心就會使自己平和下來。

背負著這種難以忍耐的苦思佛，才能與神佛成爲一體從苦惱之海中逃脫出來。

什麼都不想，也不努力，光只是在神佛面前空空的等待，而想脫離苦海是不可能的事。

苦與樂，完全是由自己內心所產生出來的感覺。

直視這種神佛之心，抱持著勇氣是非常重要的。

神佛沒有悲與苦。我願與神一體化。

有某一個事業家，因股票暴跌，因而負債累累。於是自己喪失了求生的意志，也對人生絕望了。他找某宗教家相談，宗教家說：「這個債務雖然不能全部清還，但是全能的神佛會幫助你的。所以，從今日起不要想是自己在做生意，而當成是神佛在做。」以這句話來鼓勵這位失志的商人。

當然，人的力量有限，但神佛的力量無限，可以化不能爲可能。不論是苦痛或是挫折、困難，神佛都能把它根治。

但是，如果人沒有經過一番辛勞而想得到一切的話，是不會與神有相遇的機會。而且想與神佛結爲一體的這件事，或許跟此人都不會有緣了。

你如果能刻苦耐勞，能身負辛勞之苦，則能與神佛見面。而以這種持續的感謝、誠心的念佛、祈求神明，就能脫離苦海奔向極樂世界了。

感覺晴天越發明顯，或許可知風雪將來。由於自覺悲與苦而念佛，則這悲與苦的自覺則是神佛爲一體的重要關鍵。

苦來自於自身，樂來自於神佛

不論是那一種人生都有山、谷，而且有雨、晴。

這種人生的山、谷、雨、晴就叫做我們的命運或是宿命。

自己生了病，或是生於貧困的家庭中，或者是處於雙親不睦的不幸家庭之中——，這種情形就是我們所謂的命運或是宿命。

生於何時何地、背負著何種命運，的確，這都不能憑自己的意志決定，這也有不公平的地方。對於爲什麼只有自己必須背負著這種苦，真可說是不公平的人生。

這類的命運或宿命，是須依照著每一個人所持的因緣來看。

因緣，絕不是神的懲罰，也不能戒除。因緣，可說是從古老祖先傳給我們的靈魂所受到污染的東西吧！

若說，現在必須受苦難，這就是古老祖先的痛苦，現今，應報在自己的身上。

如果，因緣或命運是神佛賦予我們的東西，那麼這也是不可改變的事吧！但，實際上卻不是如此。這是古老的祖先所結下來的孽緣。若是不好的因緣則必須加以消滅。而且，所有的人只要願意，就可以消滅所有的惡因緣。

病入膏肓之人，必相信可以痊癒。罪大惡極之人，必得以被拯救。這必須與神佛一體化，才能消滅這種因緣。因此，由於這孽緣的消滅，所有的苦惱、病痛才能根絕。

不論於何時何地之苦痛中，持續確信能與神同在，這種強烈的信心就能與神一體化，而得到拯救。

徹底來說，神佛是救也、是清淨、是和平。是沒有「苦」字的安樂世界。

但是，與神佛結爲一體的事，並不是不勞而獲、垂手可得。

雖然落入濁流之中的人，偶爾會被沖上岸邊，但卻不能永遠投在神佛的懷抱。

即使在濁流中打轉的人，必須要確信一定會有上岸的一天，而且要肯定自己，要和逆流奮戰。這即是，在苦惱的濁流中深念著神佛，就能被救至岸邊。這是一件非常重要的事。

舉例來說，被宣告死亡或是宣告得了不治之症的人，若只是哀聲嘆氣地過日子，則離自救之道遠矣。

若這時心中確信能與神一體化而朝著這個目標前進，必將得救。而存在於心中之苦澀並不是神佛處罰我們的，是無法戒除的。所以我們必須相信，神佛之境界是安樂的淨土，與神佛結爲一體自己成了神佛，就得達到這一境界了。

過去之罪帶來了今世之痛

每一個人都知道自己是雙親所生。自己能安然無恙地活至現在，無疑的，是要感謝父母生育了我們。

可是我們的雙親，他們也有父母……。即是，我們的祖父母，這是大家都已知道的必然事理。

有時在佛堂中掛有祖父母及曾祖父母的照片，每當看見照片時，知道這就是父親的雙親；或是，到母親的娘家時，就知道這是母親的父母親。

但是，這不僅是關係到意識而已，自己有祖父母，而祖父母也有雙親，而且他們的雙親也有祖父母……這一代一代生生世世的血統一直流傳下來，他們是我們的祖先。

自己的體內，流著有父母、祖父母及祖先們的血液。

此一事實，就是自己的因緣所在。因果，簡單來說就是種什麼因，就結什麼果。

如同兩人相愛的結果就生了孩子，這即是原因與結果。若吃了不潔的食物，則引起了腹瀉，也是。有好因則結好果，種壞因則得惡果——。這就叫做「善有善報」「惡有惡報」。

也可以說，祖先善惡的累積造就了今世的我們。

祖先若廣積善因，現在的我們則得善果。若祖先做惡多端，自己現在也會自食惡果了。

這樣可以說祖先與自己是屬於同一個生命，不是嗎?

祖先之行爲，成爲今世自己的言行。

數百年前的祖先犯了罪，爲什麼非要我們承擔不可——。這實在是不公平而且沒有道理的事。

但是，因緣這種東西是沒有法律根據的東西。若以法律來說，父親向別人借錢和子女一點關係也沒有。而且，三代之前的祖先所借的錢，也不會一定要子孫背負其債務。

但是，因緣並不是法律，所以根本沒有這種約束。

因緣，已經實現在現實中存活著的我們了。自己於今世，必須背負著多數的苦，這就是由因緣而帶來的結果。但是，仔細想的話，現在的生活中不見得都只會帶來惡運。自己是富翁，自己能立足於社會，或者是自己取了賢慧貌美的老婆，生了智商一百八十的小孩，這都是祖先積善的結果。如此一來，由於與祖先之因緣就自然而然地接受了這種福運，相對的，惡因緣就不可能會有如此的好運了。

惡因惡果、善因善果，自己必須體認到這是自己所造成的事。現在自己陷於苦痛之中，這都是由於過去的罪惡所造成的。這種過去的罪，就成了自己的因緣而表現出來了。

但是，仔細回想的話，人類之幸福是由於與神佛合一而得到自由解放的結果。神佛是沒有過去以及未來的。神佛就是整個大宇宙，是永恆不息。

我們憑藉與神佛結爲一體而得以解脫，除去了過去的罪孽，淨化了自己的靈魂，而得以永生。

生於幸福和樂的家庭，是由於我們的祖先中無人爲惡；若生於貧困不安之家庭，則一定是祖先中有人爲惡。過去的人種下了什麼樣的因，我們必定要承受什麼樣的果。

而且，我們不僅要爲自己，也要爲了子孫來成就良好的因緣。我們供養祖先，是爲了安慰他們在天之靈。自己念佛以與神結合爲一體爲始，來供養祖先。

幫助別人、施善於人、心存佛心，這樣祖先的靈魂得以清淨，就能去除祖先的因緣。

因爲過去的罪惡才造成了今天的痛苦，所以解脫因緣消滅罪惡是非常重要的事。若消除了過去的罪惡，就能解除今天的痛苦，這是必然的道理。

不論是何種疾病、何種煩惱、何種惡運，都能因與神佛同化而消除。這也是能爲子孫種下美好因緣的方法。

沉溺於物質則神佛遠離

穿金戴玉、食人間美味、胡亂揮霍，這些都是人類的慾望，這也是會使人遠離神佛之心。

由於釋尊布施說教以除貪婪之心，而養慈悲之心。布施是一種令人頓悟及拯救世人的一種行爲。布施，就如這兩個字是施加恩惠的事。

對於一毛不拔的人，施恩之人布施了自己的財產，雖然財產少了，但卻一步步的接近佛。

對於正處於水深火熱之中的人，施予他們一片麵包、或是一杯牛奶，雖然自己減少了，但這就是一種布施之心。

布施這種事是與貧富沒有關係。若是因爲貧窮就無布施之心，那就錯了。

擁有財富之人因爲有其錢財得以布施。或是，拯救正於痛苦中人，這就是執行了神的旨意，與神融合爲一體的路就不遠了。

那麼，沒有錢財可以布施於人，到底做什麼好呢？可以布施自己的心……自己美善之心布施於人和把財物布施於人是一樣的。

例如，人由於布施而得神佛拯救的話，看其人幸福之姿態，自己也會歡喜，爲了救其人，自己雙手合十以祈禱之……。這就是布施之心了。

在釋迦牟尼的教義中，有無財七施的說法。

沒有錢財布施的貧苦人家，以其心布施有七種方法。

若沒有布施的財物，則替別人受苦，或是代替別人工作也是可以。這種就是捨身之心，也可稱爲「捨身施」。

憂他人之憂，樂他人之樂，以這種心來布施，就稱爲「心慮施」。

對人和顏悅色，發自內心真誠的待人，這就叫做「和顏施」。

不論別人以何種眼光待己，自己都以慈愛的眼光待人，這就叫做「慈眼施」。

若人做錯了事，教人以改正，就稱爲「愛語施」。

對於被雨淋了而無處可宿之人，給與他棲身之所，而自己承受雨露，這就叫做「房舍施」。

對於旅行疲憊的人，提供他休憩場所，則稱爲「床座施」。這都是所謂心的布施，是不須靠任何物質的。

即使是身無分文，自己也能幫助別人。只要遇見了受苦受難的人，不論於何時何地，我們都能伸出我們的援手來幫助他們脫離苦難。

心中窺忌別人的財產，對於受苦之人以冷眼相待，這是不能與佛結爲一體的。這種人不能與神佛融合，所以在日常生活中，經常會責怪他人，不滿現狀，爲自己帶來更多的痛苦與煩惱。

這也想要，那也想要……這也想吃，那也想吃……這種貪婪之心——。這會使自己更遠離佛心吧！去掉妄想，超越慾望，這即是通往神佛之康莊大道。

佛教中，含有貪婪之心的事，是必然會下地獄。相反地，有了布施之心，這當然心中會充滿了快樂與幸福。

把傘給被雨淋濕的路人，這就是布施。

以布施之心知神佛之心

神佛之心，是以布施全人類之心為出發點。

佛心是廣大無邊，不論是多麼醜惡的事，神佛都能包容其中。這就是佛。

向神佛請願是無所不能的。神佛是萬能的，祂們的法力是無邊無盡。與神佛為一體，自己的病才能治癒，自己的惡運才能剝而復，否極泰來。

我們真的能做到像神佛一樣，以布施之心來施予人嗎？

貧窮之人積存一點點的金錢，仍然可以助人。看見病人時，以自己健康之軀為他祈福，或許他的病就能痊癒。或者是，搭乘火車時，讓位老弱婦孺坐，這也是行善的一種方式。這些事都不難，每一個人都應當可以做到才對。

自己有生活，自己也有責任與家庭。自己若生病了，家人一定會擔心。自己於現今，若讓出了自己的座位施予了別人，則一路疲憊地到公司上班，或許今天的無力感會造成了公司的損失，這種情形相當多，也許成就了一件好事，卻又另外帶來了一件麻煩的事。

但是，布施這件事並非不做是不行的，只要我們平日心存著施恩予人之心，這就是神佛之心。

簡言來說，在爲了別人的病而犧牲了自己的健康時，因爲這是布施之心，也就是佛心，此時與神佛結爲一體，不但別人的病治好了，自己的病也會奇蹟似的消失。但是，這並不是一種奇蹟，而是與神同在的一種事實而已。

當今，對於搭車站立而感到疲勞的上班族，把自己的位置讓給了他，不但他減輕了疲累，自己也會爲了自己的善行感到無比的安慰而不會有疲倦之心。

這是由於以心來救濟人類，也是神佛之心的一種覺醒。

這種布施之心，雖然把自己捨去了，但這是一種菩薩行就會應運而生，有令人難以想像的奇蹟，這就是自救救人的行爲所開出來不可思議的果實。

為什麼布施之人所布施之心一定是清淨，而接受布施之人的心也一定是清淨呢？因為布施之人必定要有顆清淨之心才能布施，而接受布施之人也必須要有顆清淨之心才能接受布施。

這在佛教中就稱為三輪清淨。

布施就是三輪清淨，所以，真正了解布施之心的人也才能真正了解神佛之心。

讓自己去愛非己親之人

神佛之境界，另一個意思就是對於不相識的他人也要給予其關愛。就像前面所述一般，以布施之心來普渡眾生，就是神佛的境界。

不吝嗇自己的愛而給他人者，此人就能與神佛結爲一體。換句話來說，我認爲愛才是促進與神同化的最大能源。

但是，談起愛是一言難以道盡的。男女之愛、或是親子之愛、或是對朋友之愛，若這樣嚴格來區分愛的形式，大約有十餘種之多。

不論是何種愛，愛人就是一種美好的心地，而且愛是沒高低、好壞之分。

但是，在佛教的教義中，罕有思念子女的崇高母愛，卻被判入地獄的情形也有。這種母愛是由於對自己子女的太偏愛，所以對於別人太過於冷淡，這種利己之心的緣故吧！

爲了自己的子女有更好的食物，而漠視別人的小孩是否能有得吃，這種利己母親的表現。有時在對於關懷自己的子女時，這種母親也會忘了是否會傷害別人。

若是忘了施惠給別人時，那也就算了，但若是竊取了別人的東西而給予自己子女，這是母愛。雖然這是母親愛子女的表現，這是以佛的立場來看，是須判地獄的行爲。

在這裡男女之愛也是同樣的道理。

夫婦之愛也常常是如此。希望自己的先生出人頭地，希望別人都不如他，這種私心之喜……。或者是，爲自己的情人，以金錢賄賂促使他升官。

這種膚淺的男女之愛，若以佛心來看的話，同樣地，這種愛是固執的。是可判入地獄之中。

愛這個字，用話來說是非常美的事，是發自於心田，應是良善的，但是這種清淨之愛，若是融於利己之心時，這種實體的面貌就會變醜，這種行爲會使我們忘了爲什麼要來到這個世界上。

然而，以愛人的美名做爲幌子，其背後卻做了醜陋的事，這種人屢見不鮮。

疼愛子女的母親之心本來是佛心。犧牲了自己護愛子女，且把自己最喜愛的東西也給了子女，這就是母愛。

但是，此心完全向著子女，這種母愛就會蒙上利己的色彩。即是與佛心之道逆向而行了。

自己的孩子和別人的孩子，都是佛的孩子。如果能考慮到這一點的話，就不會有私心了。

在愛自己的子女之前，先愛其他的人，這就是擁有菩薩之心、神佛之心。

以困擾於這種情形的人來說，要先有愛別人的想法是非常不容易的。但是，若是如此，則想要除去煩惱，想要與神佛成為一體是不可能的人。

把佛心當成是己心，愛自己的孩子、愛丈夫、愛父母、及愛所有的人，則這種心必將昇華。

平時若只有愛己之親，而完全不顧及別人的話，則這不能說成是清淨的愛、神佛的愛。捨去自我的愛成爲神佛之愛，這是非常重要的事。

在能以愛別人之心來愛子女、愛丈夫，則神佛的光輝必將來臨，全家的好運也將因此而到來。

人活著是由於神佛交付的使命

人不僅自己要生活，同時也要別人能生活，這點在前面已經談過了。

人是爲了什麼而生存呢？或是人應該如何去生活呢？這件事從年輕開始就一直困擾著人類。但是，不論怎麼去想，都無法真正的瞭解其中的道理。這並不是不知其所以然，而是在有真實的領悟時，人生已近尾聲了，這是很諷刺的一件事。

人不僅是想著爲何而生活，或是如何來生活？而是自己應該想到自己是負有何種使命而生活，才是正確。

不論有何種人生，或是有何種工作，若是對人類有幫助的話，這都是由於神佛之心給予自己來做爲生涯使命的。

依靠神佛之事，是須隱含有對生活崇高的感恩之心。也就是說，這態度是非常謙虛，是有最努力生活的人生姿態。

「天助自助者」、「精誠所至，金石爲開」就是這種道理。

「天助自助者」，就是說自己認眞奮鬥，不論遇到任何的困難都自己克服，神就會伸出援手——，即是神給予其恩惠。

「精誠所至，金石爲開」，就是說若以眞心來對待事物，努力不懈，則神佛與自己之心相通，必然能得到神佛的護佑。

與神佛融合成爲一體，所以天助自助者，且精誠所至，金石爲開。

自己現在把人生，盡其力成佛心，努力生活，得到上天的護佑，自己與佛成爲一體的心願就能實現了。

在人類之中，自己的日常行爲與宗教的活動常常是分開的。自己若是沒有勞動意願，則也不會對人施予愛心，更爲糊塗的過日子。所以，雖然日子過得不苦，但對神祈求招財進寶的人是常有的事。

雖然神佛之心是何等的偉大，可以原諒所有的罪人，但是，對自己無佛之心，也無自救之心的怠惰之人來說，是不會插手拯救他的。

祈求病體痊癒也是相同的道理。不聽醫生的忠告，拒絕吃藥，日夜顚倒的過日子，這樣子的生活，就算是再三懇求神佛「一定要治好我的病」，這當然不會奏效。

考試也是如此。平日不燒香、臨時抱佛腳。每天都不唸書，光是求神佛「無論如何讓我及格」，這也是不可能的事。

「天助自助者」，只要憑著自己的意志，努力上學，一定可以得到神佛的護佑。

可是，光說不做的人向神佛請求「讓我及格」，神佛是不會動心去護佑他。

若向神佛請求金錢的施捨，自己必先努力，辛勤的工作，這樣豐富了自己的生活，神才會幫助你。

同樣地，商人努力經商，因而事業更加繁盛；上班族在社會上鞠躬盡瘁，才請求神佛「讓自己出頭」；農夫也是如此，先要辛勤的播種、插秧、耕耘之後，才能向上蒼祈求豐收。

自己盡全力做好自己的事之後，伏臥於神佛面前祈求「產生佛心」「以有限之力量來向佛」「和神佛之心相通」「與神佛之心合一」「與神佛結爲一體」，這樣才能得到神佛靈力的灌注，才能成佛。

捕捉無心之實相才有神佛

要正確的看清事物，必須以無心之心來接觸、面對事物。

當凝視東西時，加入了自己主觀的思想，這種真實的姿態就會被混淆。

有錢人在以奢侈的眼光看事物時，這事物由於有錢人以有色的眼鏡來看，這種色、形都會變了樣。貧窮的人因爲貧窮而有卑屈的心理，在看事物時，由於貧窮這種卑屈的有色眼鏡，會扭曲了事實，也會隱藏了事物的真實性。

樹木是樹木、石頭是石頭，這是能確定把握的事，在這裡是不須以無心之心來看。

若於此加入任何自己的意念，這石頭還是石頭，或是樹是應該開何種花，會結什麼果都是一定的，不論是以何種方式來看，其本質不會差太遠。

以無心來看事物才能看清正確事物的真面貌。

與神佛為一體，在自己產生神佛之心時，在這裡最重要的，是無心之心、虛無之心——若具體來說，就是必須擁有無慾無我之心。

滿腦子裡有各式各樣的慾望、煩惱，是不能看見真正佛的面容。但是，在這世間的人類，若要捨棄所有的慾望是很勉強的。因此，釋迦牟尼曾例舉了除慾的八種正道來勸誡人類。

無慾無我是要有使自己生存及使別人生存的自覺。自己若是自我慾望太過於強烈，這是不能看清所有事。如果為了想使自己的心成為神佛之心，則須完全捨棄自我，以最客觀的角度來看才行。

所謂立地成佛之事，是須憑藉強烈的祈求力量以到達無我的境界，才能與佛融合為一體。

雖然，要達到完全無心以面對所有的事物，對一個凡夫俗子來說是一件很難的事，但是仍必須把忘我做為自己的一大目標。

「學習佛道，須自我學習。自我學習，則須忘我。忘我就是萬法之證。」這是道元禪師曾說過的話，雖如此，但是，忘了自我是須讓森羅萬象融入自己體內。面對樹木時，就成為樹木；面對石頭時就成爲石頭。看雲時，就成爲雲；看風時，就溶入風中。這就是無心的實相，就是無心的神想觀。

「心頭之火滅卻之後則清爽」若這就是無心之境地的話，那就是火之熱與水之冷都已溶入了虛無之中。

疑視無心之物，以無心來看待事物，這才是神佛的姿態，神佛之心。無形之形這就是神佛的實相，因爲無心才能夠認清事物。有了這種心來看所有東西時，就會忘了疾病之痛、煩惱之苦了。

面對無之實相。在這裡沒有悲哀，是一個清淨美麗的仙境。

爲他人祈禱之心就是神佛之心

愛別人之心是神佛之心，爲了與佛融合爲一體，走向正確愛的道路是必要的。

不僅要對自己的骨肉之親給予愛，也要愛別人如同自己的子女。這才是遠離利己之心走向神佛之心的道路。

愛別人與爲別人祈福是一樣的事。爲他人祈禱就是自救。如果沒有爲別人祈福之心，則永遠不可能與神佛成爲一體。然而，追求悟己之道的結果也是與救他人之道相通。

佛教的教義中「普渡眾生」是誰也都知道的事。本來佛教是以自救爲出發點，爲何「救他人」？是因爲自己領悟到普渡眾生，就是有佛心。

爲他人祈禱的情形中，當然是祈求別人幸福、健康的生活。若是祈禱「那人生病」或是「那個人失敗」，這算是詛咒。詛咒是最醜陋的事情。

心中若是想著那個最好不幸，自己最好幸福，這種詛咒就是扭曲了祈禱的事實。

若希望對手失敗就去祈禱的話，那麼這是一件非常恐怖的事。有著對他人不利或有害人的想法是必須排除的。神佛之心不論在何種情形中，都是在祈求人類有幸福、豐富、平和的生活。

如果誓言想使自己擁有佛心的話，就要爲所有的人祈福。爲了戰爭中受苦受難的人，祈求早日結束戰爭；爲了受飢受渴的人，祈求早日得到食物；爲生病受痛之人，祈求早日痊癒。這就是佛心。

我心昇華爲佛心之後就與神佛結爲一體，這樣一來自己的痛苦、或者是煩惱都能一掃而空了。

同樣地，詛咒別人不幸、希望人失敗，則自己恐怕就要落入自己所設的不幸與失敗的陷阱中了。

詛咒別人的不幸，會在自己的心中先描繪出不幸的事實。因爲心中所描述的情形實現出來，由於這種法則，別人不幸的事實就會降臨在自己的身上。

希望別人遠離不幸，則此人必將幸福。希望別人幸福，則此人必有幸福到來。這種爲別人祈福的藍圖必先在自己的心裡留下影子，則自己也就能先享受幸福。

現實的世界中，自己若沒有處世的藍圖就不會實現夢想。自己想著一件事（念頭），才能有這種事實出現。

這種思想就是「實相思想」。

那個人過幸福的生活——。爲別人的幸福著想，就等於爲自己的幸福著想一樣。

追根究底來說，釋迦牟尼教人菩薩之心，闡述慈悲之心的重要，使自己自救成爲菩薩，擁有慈悲之心。所想之事與所做之事若有出入，這是在佛的世界中不被允許的。

佛的世界是沒有一定的原則。必須在自然之心中，描繪出幸福的世界。

爲了別人的痛苦祈求「請無論如何要治好此人的疾病」，那麼不但此人的病可以治好，自己的病也可痊癒。

常常祈願者向神祈求時「自己的身體沒有關係，只希望丈夫能平安健康。」「自己好壞沒有關係，只要他出人頭地就好了。」等等，犧牲了自己爲對方請願，但是，在爲了別人而捨棄了自我的同時，不但被祈求的人會健康、上進，自己也可以過著平和快樂的日子。

立地成佛和這種原理非常接近。自己爲了成佛而念佛，最後終究會與神佛合一發揮最大的靈力，也就能成就自己所希望的事。

爲了別人而祈福，就等於爲自己祈福一樣。自己成爲佛以後，就可以拯救別人、普渡衆生了。

財富是神佛賜與人類的幸福之物

對於成佛一事，可以說有錢人是不會比貧窮人更接近佛道。雖然說這是一件相當不公平的事，但是遠離物慾的人才能得到真正的人生。貧窮的人，通常較易存有慈悲之心。

現世中生活於苦離的眾生——如抱病而死的人，或者是與親人有生離死別的人——。在人世間帶有悲傷的色彩，這種不幸的人較易以己之心渡人，就會比有金錢財富的人更充滿助人之心。

財勢豐厚的人，常以權力指使人為他工作，就不會去體會人世界的悲與苦。因為，有錢人常會以為用錢財就可以解決所有的事。

這個世界中，財力或者是權力被認為是真實的人生，這通常是富有財勢的人的看法。但是，這也不是要所有的人都不要擁有財富或權力。

有財富的人其財力為了佛而使用。即是為了多數人而使用財富，這樣的財力才有其價值與意義。

若現在握有財力的人，可能是由於祖先的因緣的關係，至今開花結果而帶來的今天，且自己一人用不盡的話，也可留予子孫分享。這都是神佛賜與人的寶物。

如果持有這種想法的話，就不會覺得自己擁有的財力是可誇耀之事，反而會謙虛，知道都是來自於神佛之物，就能以神佛之心施於所有需要救助的人。

然而把這些都忘於腦後，只唯利是圖，或是沉於享樂，這都是會使自己遠離了神佛之心。

爲了自己一族而仗勢歛財，其財力或權力之行使情形中必將產生惡果，而且子孫也必將籠罩在這陰影之下。

財力、權力，如果是爲了以佛心所做之事，才擁有的財富，就成爲自救以及救人的最佳能源。

讀過的經典中，常常可見到印度的長老以財力來爲佛教的修行者建立寺廟，也常常幫助釋迦牟尼及他的弟子們。

神佛不會偏袒個人

因爲布施而得到功德，自己能安心立命，也能進入自救之道了。這些在經典中都有記載。

以佛之心來行使自己的財力或權力，則再也沒有比這種頓悟之心更好的方法了。

「富有的人爲了人類的福祉而廣施財物」這是受了神的感召，以自己的財力做最有意義的事。

我即是富有者

心中所描繪的圖形即是人間的實相。若自認自己是幸福，則幸福就會在心中留下深刻的印象，這就是建造人生最重要的能源。

自己若認爲自己無能時，這個人就會變成什麼也不會。相同地，認爲自己是貧窮的人時，就不可能變爲富有。

這種說法是有著非常神祕的力量，心中所想的事而給予自己帶來何種影響，這是難以預測的。

自己想著自己是愚蠢，是貧窮時，則說起話來易結巴，較沒有自信，這恐怕就會變成如此了。

這種想法，不但會影響人心、影響人的言語，也會影響人的行動。

心中所描繪的樣子就是實相，這就是自己本身的宇宙。

所以，絕對不能往壞的方面想，也不能口不擇言的胡亂說話。

有一位企業家，他每天一大早就在佛壇誦經，每天都唸幾十次「我要成爲偉大的企業家」「成爲最富有的人」。結果，現在雖然不是台灣第一的大企業家，但是他卻有龐大的財富。

這位企業家不論在多麼不景氣時，或是遇到多麼困難的危機時，一定心中都唸著「我要成爲偉大的企業家」，而且持續不停的做這件事。

這個人就是心中一直描繪著想成功這件事，以致於這實相就出現在他眼前了。

但是，不論心中想什麼，若是本人一點都不努力，是不會打動神佛之心，而且也不會成功的。

自己所想的念頭，必須憑藉著努力不懈的奮鬥，才能得到成功。所以，這之前所說的企業家能成功的原因就是他努力所得的成果。

不論是何人，只要不要忘記心中想什麼，只要對的，就勇往直前，則目的地即可到達。

可是豐富的生活是不能祇求一己之享受。不勞而獲的財物是神佛所賜，是必須廣施於大眾。

若能做到這點，也就能達到神佛的境界了。

心中一直唸著「我即是富有者」，則就能得到財富。心中想著「我是最幸福的人」，則就會成爲幸福的人。

我們因爲神、佛而成爲富有的人。也因我們相信神、佛而得到豐富的人生。

所謂「富」，並不是光只財產的富有而已，充實的心靈、健康的身體，都是神給予我們的財富。

而且，若是出嫁，能有好的婆婆、姑嫂也算是一種富。因此，絕不能抱持著不好的意念，而要努力的實踐自己的理想，這才是與神一體化的重要條件。

自己若是神佛該如何去做

神佛是萬能，神佛是沒有做不到的事。神佛是擁有絕對偉大力量的大生命。

神佛是向上、光明、正義、仁愛、極樂、健康，以及和平的。神佛以具體理想的姿態出現，或許這就是做爲我們人生的範本。所以，人生的規範是要以神佛做爲準則。

瞭解神佛之心，就如同知道天地運行之道一樣。與神佛結爲一體，自己就是向上、光明、正義、仁愛、極樂，以及和平的化身。若能與神佛成爲一體時，這種完全理想的姿態就能滲入全身，造就出一個完人。

雖然自己的念頭是人世間的實相，但是這個念頭有時充滿光明希望，有時卻又充滿慾望雜念。這是人世間的現實與心中的慧根的鴻溝，使人苦惱、迷失自我。

但是，真理就是神佛，它是光明正大的事。所以，我們有苦惱時，我們必須先用有著想解困的念頭。才能根據這個念頭，尋出自救之道。

在自己困惑時，心中想著——若是神佛，祂會如何解決這問題？——這是解決方式的大關鍵所在。

但是，即使以神佛的立場來想，卻也不能解決一絲一毫的苦惱的人也不少。所以，必須請求神佛教導我們祈禱的方式。

「神佛會怎麼做呢？」在不知道時，唯有以虔誠之心來不斷祈禱，才是重要的途徑。

祈禱就是心中思念神佛。由於一心一意向佛，就能知神佛之心。

人生的過程中，我們把心中所思考的事以神佛的立場來想，常問自己，若是神佛會如何去做呢？此時，若還不能求得答案時，必須以祈禱來找尋神佛的心，這是非常重要的。

第三章

神佛如何與人結合

神佛之靈力

有些佛堂、寺廟接受大眾的人生論談做爲佈教的一環。接受他們的祈願，聽他們的煩惱，這都是爲了減輕他們的煩惱。

與這些人談話，總會有一種感覺，就是他們不論是傾訴何事，或是磋商何事，多少都會期待神佛的靈力出現期待佛的加護力。

生了病的人，想憑藉著神佛的靈力而到寺廟磋商的，大有人在。而且，也有事業不順的人爲了脫離惡運，祈求事業興盛，因而成功的人也不少。

本來，宗教是爲了拯救自己的心而存在的，並不是爲了求得神祕的靈驗而有神佛的存在。

但是，神佛是萬能，就如之前所述，神佛是向上、是正義、是慈愛、是光明。神佛不會引人犯錯，更不會使人生病。而且，神佛是擁有絕對力量的偉大生命。倚靠神佛，則不如意之事就會化去，好運就會來臨，這是理所當然的。

若爲病痛所苦，爲了脫離病痛當然必須倚賴神明，而且頻頻不安的人，想從不安之中逃向清淨之地，就必須心中有神佛。

煩惱、痛苦、疾病或是不安，是隨著每一個人的境遇而有所不同，而且人世間的煩惱也不僅爲此而已。人之心中若有神佛，與神佛合一，非但疾病、苦痛都能一併去除，而且潛意識中會時時刻刻都受到神佛的靈力所庇佑。

人世間所有的現象及實相，因爲都是出自於神佛之手，所以任何的事都必由神佛之力才能完成。仔細回想，無論是何種恩惠、奇蹟，或是突如奇來的幸運，這背後必有神佛之力存在於其中。

所以，即使是小小的喜悅或救助，這都要感謝神佛。

向神佛祈禱，藉由神佛的靈力，必定會帶來神佛的恩惠。

前面說過「精誠所至、金石爲開」。及「盡人事、聽天命」。

如果生了病，首先爲了治癒疾病來努力，之後期待著神佛的靈力。自己若有向上的志氣，走向光明的一方，爲正義而努力，則這種強烈的意志，就能期待到神佛的靈力。

有一位信心深厚的老太太，有一次雨傘斷了的時候，雙手合十向神佛祈求：

「神啊！修理這把傘吧！我知道您是全智全能的神，這支雨傘你一定能修好的吧！我是虔誠的信徒。」

不可思議的是，她從外面回來時，這把傘居然好好的，一點損傷的痕跡也沒有。她一邊流著淚說：

「神明，這就是證明你是萬能的神。」

在旁的兒子看了說：

「媽！不是這樣的！這是剛才有修傘的人經過，我拿出去修的。」

老太太點頭說：「原來如此。」並教導兒子說：

「果真是神來了，是誰想到修傘了呢？……這個修傘人走過我們家門前，這就是有神的心，這比任何事都更能夠證明神佛的存在。」

持有這種想法，才能得知真實神佛的靈力，雖然我們不能預測祂何時會來，但是，我們心中須時時刻刻有神佛，這樣神佛才會賜福給我們。

諸如此類的例子，不勝枚舉。

幾年前，有位信徒擬往日本旅遊，出發前先到寺廟參拜。預計參拜完了之後，再到機場。

參拜了以後，遇見了久未謀面的友人，一時興起，閒聊了一些時候，而趕不上該班飛機，不得已只好改搭另班飛機。事後獲悉原來的班機在名古屋發生空難，幸運的是他剛好逃過了這一劫。

這些例子就好像是命中註定的一樣，但是，我們也不得不信是神的加護力在保佑我們。

這些種種都在說明神是無所不在、無所不存，只要心中有神佛，幸運就會降在我們身上。

護摩修法是神佛與人類之間的媒介

有些寺廟每天早晨都必須做護摩的修行。護摩修法，想必大家都略有所聞，在護摩壇上焚燒護摩木，藉由這種特別的動作來向神佛祈願。

這是源自於印度的宗教習慣，點燃火來祭神，發展流傳至今就成爲現在的護摩修法。

護摩修法是密教中所不能欠缺的一種祈禱儀式。

密教或者是護摩修法都有各種專門的理論存在，這種表現於行爲上的哲學理論就是護摩的修法。

修法是一種非常深奧的學問，一般的各種說明，還是不能道中它的真諦。

但是，如前面所述，在心中描繪神佛，神佛就會出現。即是，自覺自己的佛性就是護摩修法。

「神想觀」是要虔誠的念佛，而在「神想觀」中加上所作的儀式，以修法加強與神的結合，完成與神的同化，這才是護摩的修法。

不僅心中要思佛，而且要加上動作，以行動來與神佛溝通。這也是一種護摩的修法。

譬如，在我們心中，存有佛性，這種深深的自覺就是「神想觀」。根據真言密教所說，我們的心中最原始的姿態是清淨無暇，是擁有佛性。

但是，如果迷失於燈紅酒綠之中，這種自覺性也會籠罩上一層陰影而失去效用。所以爲了恢復擁有自覺，就必須以佛道來修行。

如果能領略到修行的目的，那麼，我們的心就會與佛陀之心同樣的清淨。

所有的眾生原本都是根性清淨的。不論是佛陀或者是人類此點不變，我們即是神佛。這種思想是和「神想觀」同樣基準的出發點。但是，對密教來說，不僅是有此一思想而已，且在虔誠的思佛理論中以修法來表現具體行動，這種行動就能促進與神佛一體化了。

自己與佛同化以護摩的修法，根據心中之念與此念之行動，最後才得與神佛同化。

所以，我們身體健康、精神愉快、充滿了自信之心。原先疾病的影陰抹消、痛苦的煩惱退除，使我們處於清淨極樂之地。

本尊的身口意與焚燒護摩的修行者的身口意成爲一體。修行者在本尊之中溶爲一體，修行的身口意三密就與本尊的身口意三密融合了。這就稱爲「入我我入」或者是「三密相應」。

身口意：指日常生活中的行動、言語精神。

護摩修法的修行者，手繫印信、口唱真言、心念本尊。憑靠著這種秘術，即能與佛融合，本尊、修行者及一切眾生融合了之後，因此這個悟道之世界、涅槃之世界就會更寬、更廣了。

心中經常存著與神一體化的願望，時時接受護摩修法，就能與神佛爲一體。這就是密教拯救人的特徵。

我認爲擁有護摩修法者是不得不救人。生了病的人、陷溺於苦痛的人，是必須常常心中念佛，且偶爾以護摩修法來與神佛結爲一體。

這種修法的動力，能改變現實，從現實的生活中轉化至神佛的境地。

居於以上的理由，奉勸大家接受護摩的修法。如果能提早一步，則就能提早進入此一境界了。

壞主意是與神佛之心背道而馳

人類心中「所想之事」「描繪之事」就是實相的世界。亦即，有貧乏的念頭就會做出貧乏的事情。

若是肯定以上的事實，那麼「思富之事」即能成爲「富者」。

在人群之中，常常可見爲了現實的苦勞而自嘆命運不如人。這種人就是常在心中描繪著「我沒有錢」「我的小孩學壞」「自己不能出人頭地」「公司營運狀況不良」——等等，因爲心中已存有這種景象，當然好運無法降臨在自己的身上。

若是有這壞念頭的人，就好比接觸了細菌，這個人不停的接觸，終究是會受到感染生病。

一位企業家，經常把不如意的事掛在嘴邊，因此，這個人的事業就無法好轉。

由於受到了「沒有錢」「苦於沒有錢」的念頭之中，心中想著若是有錢就好了，但是嘴上依然常說「沒有錢」「沒有錢」，所以就會真的沒有錢。這就是有不好的念頭，而落入不好的結果中的例子。

而心中存有「我是富有的」「我滿足於一切」的想法，整天眉開眼笑、心情愉快，那麼，這種有益身心的酵母菌就會發酵，自己就能擁有健康的身心去戰勝任何的挑戰。

人的惡運通常是由於人自己所招致的，只要心中開始擁有希望與勇氣，則惡運就會遠離。心中所想之事就是真實的「實相」，這就如同「滅卻心頭火自涼」一樣。

「自己是有勇氣的人」「自己是富有者」「自己有足夠的智慧」「自己有充分的能力」，只要擁有這些念頭，這種願望的實相不但在心中描繪下倩影，且在實際生活中也會展現出來。

所以，自己有正確的念頭，描繪正確的事，使自己擺脫陰影，這是必要的工作。

「自己是貧乏的人」「自己很醜」「自己無知」「自己無身分地位」「自己惹人嫌、惹人厭」，諸如此類的念頭若根生於自己的心中時，這種負面的影響必然會降臨在自己的身上。所以，一定不能持有這些愚蠢的想法，才不會使自己更陷入無法自拔之境。

神佛是喜善的。神佛是光明、是希望、是和平。與神佛一體化來消滅自己的苦惱，絕對不能有壞的念頭，這樣才能達到真善、盡美之地。

爲無念之心而努力

以佛教來說，所謂悟的世界就是「空」。這個「空」字，不論是誰都知道是「什麼也沒有」「超越任何事情」的意思。

我們常常誦唱「般若心經」，般若心經中對於這個「空」的解釋，釋迦牟尼已經下了許多註解了。

但是，這是一種相當難的哲學，這個與釋迦牟尼說的「空」是同樣的，是不易理解的學問。可是難能可貴，由於誦經或是聽道，自己雖然不能完全理解，但卻也可以引入悟「空」的世界。想要領會到「空」的真諦，就必須要無慾才行。

心裡想著這裡有張桌子，這個心就不是空。因爲心中存在著這張桌子幻影，而實際上或許根本沒有桌子。桌子是一種假象，是不存在的。就因爲是假象就無須去追尋。這是對「空」的一種重要思想。

美麗的花已經凋謝了，細嫩的肉體也已經老化了，快從這個世界中消失了。

這個世界中沒有永遠存在的事物。

超越了苦痛、悲傷、喜悅，這個「空」的悟道世界就會敞開，這就是佛。

空的概念，與其說是理論，不如說是在「悟」中有「直覺」的真理。

有人問什麼是「空」，若回答，○○的說法，這個「空」就無法稱平。

什麼都沒有的悟道世界，是沒有喜、怒、哀、樂，沒有名利，沒有富、貧，是超越了任何事物，從心中發出的一種平靜、安寧。

「我比那個人更有處事能力，但他成爲課長，我卻還是小小的職員」，若是有這種想法，就不是「空」，這就是抱著一種比較之心。那個人是「課長」這只不過是無常中的一種影像而已，自己是小小的職員，也是一種影像而已。這一切的興榮盛衰在「空的心中」都只不過是一種小小的現象。

空無的心才是悟的世界

自我的這種觀念存於心中，是會影響「悟道」的。

因爲人生活於多彩多姿、千變萬化的世界中，所以想要消除所有的雜念，以消滅自我，這是非常困難的，但是在這生活的歷史中，消滅具有的慾念而進入「空」的無心之地，是非常重要的。

世界上全部的東西，沒有實體，沒有實體就是空虛之心，就因爲有空虛之心，所以能看見各式各樣的實體。

在這世界中所有存在的東西沒有實體。就因爲沒有實體，所以產生了〇〇，或者是連〇〇也沒有。這個〇〇無法受到污染，就不會有增減，就能突破，而能達「空」的境界。

而且，若是沒有「悟」，相反地也沒有「迷」，這是當然的。像這種空的極念塡滿時，就如同剝皮一般，形體漸漸消失。但是，若是心中常有所牽掛、有所束縛，就無法超越自由，得到淸淨之心。

雖然我們不確定自己是否能做到，但是爲了獲得另一種自由的重生，這種「空」的領悟相當重要。

知道自己尚未悟道，就是參悟

「悟」的意思就是於安心立命之境地，超越一切的苦惱，以平常心處世。

爲了達此境界，須以冥想、修行以及戰勝自己的慾望，這樣才能真正到達「悟」的境地。

所有的宗教家爲了早日參悟真理，使用各式各樣的方法以探求近道，以期到達「即身成佛」。

人悟道不是一朝一夕就可以成功的。但是，自己若能瞬時與佛成爲一體，則目前所有的苦惱都會頓然消失無蹤。以自己本身的智慧領悟其中的道理，雖然神佛之理無邊無境，但是由於自己的努力，就能夠與神佛融爲一體了。

神佛之心存於自己的體內，而自己的生命卻是無比的渺小，這是偉大生命所賦予我們的一個小生命。

自己由於悟到了自己尚未參悟真理，就必須使自己以偉大的生命做爲目標朝著它前進才能得道。

這就如前面所述一般，在生活中須以「善念」「正念」來祈禱，使這種「念頭」，實相化，並努力的去做。這就是最好的生活方式。

自己雖然不能悟解到真理，但是仍然可以念神。以虔誠的心來念神，與神佛一體化，這是和參悟一樣真有相同的效果，也能使自己成佛。

不傲慢、不卑屈，相信自己能與偉大的生命相呼應，由於這個生命中不絕的正念，使得自己漸漸接近神佛，與神佛一體化。

持著這種想法過日子，是可以平安順心的生活。即使是無知的人們，在與神佛一體化時，體內就會充滿了智慧；或者是生病的人，與神佛合一時，也會自然而癒。

如果以自己的力量不能參悟時，只要與佛同化，就能茅塞頓開。照著這種想法，若是知道自己尚未悟道，這也就可以說，自己已朝著悟道前進了。

懺悔也是與神佛合一的方式

懺悔就是當自己犯了罪而向神告白，並且悔改的意思。

對佛教徒來說，雖然有很多的戒律，但是不幸破了戒而仍想繼續修行時，必須以全心全意的懺悔過日子，請求神佛的原諒。

但是，懺悔並不是只限於佛教徒而已，這對於一般大眾也有極深的意味。特別是想與神佛融合爲一體的修行者，這種懺悔是非常重要的。

我們在日常生活中不可能一點小錯都不會犯。如果犯了一點小錯的話，也要懺悔，這才是真正求生命的方式。

前面已述，爲了與神佛融合爲一體，必須與神同步才行。所以，必先使自己清淨，使自己有崇高的靈魂。

自己若是污穢之軀，而向清淨的偉大生命說：

「請把我和神合一吧！」

這無異是要水與油合一，是不可能的事。那麼，要如何才能使與神佛合一實現呢？

不論是有任何小的錯誤，都去修正它，使自己擁有清淨的自我。參佛的信徒們，通常在就寢前十分鐘，都會反省這一日來的錯誤，並向神佛懺悔，請求原諒。

若有可能，在佛壇之前打坐，雙掌合十。

「今天，我有沒有口出惡言？」

「今天，對於丈夫、孩子，有沒有盡到賢妻良母的責任？」

「今天，有沒有欺騙別人？有沒有做僞善的事？」

自己捫心自問，一天下來若有發現自己做錯的事，向神懺悔、反省，請求神佛的原諒。

小小的犯錯，通常是由於自己的疏忽。這種無心之過，如果能當日反省，得到神佛的諒解——。這就是與神接近的最基本步驟。

爲了想要更近一步的接近神佛，必須擁有清淨的自我，爲了擁有清淨的自我，則必須要時時懺悔。

但是，即使是小小的錯誤，而任其擱置的話，這樣越積越多，污穢也就愈難清洗，這樣一來，不論神佛之心有多麼寬廣，都無法進入我們心中。

例如，污濁的河水是不能飲用。如果用濾水器把它淨化了，就能成爲飲用水。與神佛的融合，就如飲用水一般，必先過濾自己。

懺悔，是有淨化污穢的作用，如能每日的懺悔，則每日淨化自己，就能與神佛同在了。

命運是可以靠努力而改變

信仰之心有各式各樣。對某人的謙虛崇拜之心，或者是對於萬物所生的感謝之心，及於困苦之中希望得救而向神佛祈求救援之心。與這種祈求之心相同，意味著修正自己的命運，而否極泰來。

人各自有不同的命運。人若是命運悲慘，則這是由於傾向惡方的原故。這種惡運，是可以憑藉善心的祈禱而重獲光明。

我們只要具有立地成佛的理念，使著命運走向好的一方。這即是，實現與神佛融爲一體，我身即是佛身，就可以開運。

傷心於不孝子之雙親，並不能夠只靠著信仰而使子女回頭。這必須以祈禱與神佛合一了以後，再藉由神的靈力使子女的惡行改正，這樣一來才能真正感化子女爲善的。

抵抗疾病也是如此，不僅要以信仰來對付病魔，還要向神祈求加護力，使得自己一步一步走向痊癒之途。

所謂真正的得救，是憑藉與神佛的一體融合，他必須自己的心中存在著神佛。

在以拯救爲目的的方法中，是必須「斷念」。這就是對命運斷念、對阿諛現實斷念，而能堅忍耐勞。使苦不成爲苦，安慰自己，使不能成爲可能，這樣才能得救。以因緣來說也必須有斷念的想法。唯有一心一意的念佛，才能斷絕悲、苦而後重生。

但是，斷念這兩個字是有「開化」的意思，是含有對事物「春開」的意義。所以「斷念」不僅是要根絕意念而已，也有「看淸、悟徹事物本質」的意思。

家庭之不和、疾病、惡運、絕望、不安……等等苦惱，若是不能斷念的話，則必須以祈求與神佛一體之心，再以神佛的智慧才能消除苦痛，也才能掌握住自己的命運，才能由剝而復。

我們要相信唯有與神佛合一，才是改變我們命運的最佳方法。

專念的祈禱才是最高的誠意

不論做什麼事都需要盡心努力。在一件事上用盡心思，則可以輕易的達到目的。

向神佛祈求也是相同的道理。若是只把手合十祈禱的話，是不夠的，這不僅要以行動表現，而且要以真心的態度才行。所以說光是外表的形式而不是出自心中的意，則是無法與神佛合一。

祈禱是必須身心合一。以虔誠之心及行爲來祈求。

「神啊！請附於我心，使我與神佛合一吧！請賜予我力量吧！」

不論是多麼小的願望，在這祈禱的一瞬中，都必須以真心來進行。摒除雜念、心平如鏡、神佛就宛如在自己眼前，這是祈禱必須注意的事項。

祈禱之事須靠自己積極的去做，這比任何事都來得重要。不論是何事，都必須把它告知神佛，這是第一步。

若是因爲別人來祈禱而自己才來祈禱看看。終究來這裡參拜並非出於己，因此這是不能得知真理，也無法接近神佛。有句諺語「臨時抱佛腳」。這就是平日不積善德，也不求解決問題，等待真的大難臨頭了才向神明求救，這種做法不也是太虛僞了嗎？

這也就是說，平日都不信佛，等到有一日須求助於佛時，若是只求一時之助，神佛是不會輕易降福的。以前的人有「三跪九叩」及「跪行百里」，這都是在證明對神佛的誠心，也是在試自己的耐力，以求神佛之助。

而且，也有人以「禁食」及「閉關」來潛修，爲的是感動佛心，使之與自己同在，使自己能早日修行得道，晉昇於極樂之境。

此般一心一意的祈禱，一定能爲初學者帶來好運及庇陰的。

人人都需有這種強烈精神的祈禱。但也不僅是心念須正而已，所做所爲都必須符合正道向神訴說，才能真正與神佛一體化。

神佛爲什麼能治癒疾病

常常到寺廟祈求的人，大多數都是有病在身。雖然有些是本人身負疾病，但也有些人是爲了家裡的母親、太太、丈夫，而自己親身到寺廟爲他們祈福。

很多人並不是特別到寺廟求醫，而是去醫院求診多次均告無效，才來寺廟祈求最後一絲希望。

幾年前，某一雜誌調查人們對於信仰宗教的動機，結果發現幾乎所有的人都是因爲「疾病」而入教。

這些以疾病爲動機而入教之人，其結果令人吃驚，居然大多數的人「都治癒了疾病」。

大家都知道病是由於氣之不順所致，的確疾病是因爲氣血恢復緩慢，但是認爲不能治癒的疾病，心中只要想著一定能治癒，則往往就能達成心願。

這種專念是對於治療疾病的效果的最佳例證。

如果心中想著「一定治不好」，那麼就會真的不能治癒。

向神佛祈求治癒疾病的方法，就必須行動與思想一致，以最平靜之心，不能慌亂、不能意志動搖，才能得到神佛的幫助而得到健康的身體。

除此以外，神佛的加護力降於我們身上，加上專心靜養，使自己有正確的生活態度，這樣才能產生好的結果，以達治癒的目的。

對死的不安或對生活的苦悶，這都是外在因素擾亂精神所致——。這種身邊周遭的不順，若是不能以平常心來看待，則一輩子都會爲這些而苦惱。

這個時候，以專念之心祈禱，祈求神佛賜予自己加護力，只要心中有神佛的存在，再以靜心療養，就能出現奇蹟，不藥而癒了。

這種自然的治癒力，是來自神佛所賜，即是從「偉大生命」所賦與的「個別靈」帶來的「生命力」。

「自然治癒力」就是微妙的精神力量所造成的結果。

自然的治癒力加上神佛的靈驗，以及加護力，使之融合就能增強人類的力量。

「此病一定能治癒」心中具有這種強烈的意志，而且心情平靜，以最誠敬之心向神佛祈求，則此人的自然治癒力就能愈發強盛。

這種自然治癒力是伴隨著信仰而發揮效用的，這種生命力就足以治癒疾病。有人常說：「因爲信仰而治癒了我的病。」這也就是信仰之心與自然治癒力調和的緣故。

信仰與病癒，的確有著微妙又不可分的關係。

即使今天對信仰毫無關心的人，患了病、受了苦，而病症一直不能好轉，這是由於沒有得到神的加護力。但是，只要對信仰重拾信心，把心重新放開接受神佛，則疾病會不可思議的好轉。這正可以說明神佛是可以治癒疾病。

與神佛結合爲一體，就如同將自然治癒力與疾病融合一樣，所有的不快都會消除。

不能在工作中出人頭地的人，因爲事業不順而沮喪、失意，若是長久下去，根本不會有成功的可能。可是人可以由於信仰，增加自信心，使自己奮鬥，這樣一來由於自己內心的向上來改變現有的狀況，就可使自己的運開，而爲自己帶來幸運。

我們常說：「要有朝氣的過日子。」即「生活有朝氣，就可使自己命運好轉。」

這是以朝氣來處世，把這種人類所擁有的「氣」變正。

若自己散發「正氣」的話，就能與神佛一體化，這是非常重要的一個關鍵。

因此，由於極小的事故而焦慮不安、心神急躁，就必須心神一致與病魔搏鬥，以自己散發的正氣及自然治癒力，就能早日恢復健康的身心。

現象的世界與實相的世界

世界的現象以佛教來解釋，是一個動的世界、無常的世界。

某書中也記載「祇園精舍之鐘聲行動無常」，這裡的無常就是指物體不停的在動……。所有存在的東西，它們的姿態都不是靜止不動的。生命死，死會生，這是佛教的根本思想。

以佛教來說，可說已領悟到這流動的現象，以及萬物輪迴之理。不能捕捉正在變動的事物，就超越它——這就是前面所說過的「空心」，這是佛教中領悟世界的一個真理。

但是，這只不過是佛教哲學中的一個道理，對於一般信徒則傳給他們「現象是移動無常的，但實相則是永遠」。

「自己苦於疾病」「自己煩惱於出人頭地」「自己沒有福氣」「自己的小孩不上進」等等諸如此類的事，這都是現象的世界，因為這種現象都會流移、會變動，所以像生生死死、死死生生都也是無的現象。

現象中所有的事物，都是以不停的運轉，無常的姿態現身。由於這種無常的法則，所以對於一時的失意，或是對於表面之成功失敗、富裕貧窮——此類的事物，都無須不安，也不必絕望。

實相才是完全真實的姿態。

與神佛若能結合為一體，脫離這種現象的世界，則能得到永生。因此，儘可能與神佛同在，把描繪出實相的世界帶入現實的世界，這是非常重要的事。

在心中念佛，把「我是富有者」這種實相帶入生活中，則這種「使自己致富」的情形就會轉化至現象的世界，就能使自己真正的富有。

相同地，即使在現象的世界中生了病，憑藉著與神佛一體化，就能把疾病變為健康——把實相的世界轉化至現象的世界——所以在現象的世界中才能恢復健康。

在現象中不幸的人，若於實相的世界中與神佛合一，那麼自己幸福之實相就能改變現象中的不幸。

現象的世界是變化萬千的無常世界，是由實相世界轉化而成的世界，並非無常，而以本人來說是「永遠的實相」。

就我個人而言，實相的世界才是實質的，現象的世界只不過是幻影罷了。

在這幻影之中，每個人都爲金錢、名利在掙扎。那種外在的頭銜、虛位，都是現象界中的影子，而且是只有愚蠢的人才會身陷其中。

這個世界上，有生有死，何必爲那短暫的名利而苦惱一生呢?而且，不論目前是處於何種困境中，也不須絕望，這一切都會消失。

所以，我們了解到，當與神佛融合爲一時，這種「實相的世界」才是人間真實的世界。

靈魂的實在與淨靈祈願

死者的靈魂如何影響人類，可以以各種角度來探討。

「真的有靈魂的存在嗎？」常有人這麼問。

我想當然有心靈的存在，若是沒有靈魂，那還談什麼心靈呢？若說其中原由，相信很多人都有過經驗。而且，有很多學者都研究靈魂，也都有記錄下來。

但是，光說是沒有用的，很多人本身對於心靈有過特殊的體驗，確信有靈魂的存在，才主張其事。

在台灣，心靈信仰已有相當久遠的歷史。當然，這不僅只有台灣。對死者靈魂的尊重以及祭祀，是世界性共通的習俗。

死了以後其魂仍留於世界的想法，不只是台灣人，所有世界上的人都有相同的問題。而對於慰藉死者之靈的祭拜方式，世界上每一個國家都不同。

台灣的中元節、日本的盂蘭節，是為了祭拜死者而定的風俗節日。但是，佛教中對於「死靈」並沒有太多的註解。這是由於人類的情感對於死者的悼念而列入我們生活之中。

以前的人是如此，現代的人也一定要敬畏靈魂。

釋迦牟尼因爲很少提到關於死靈的事，所以大都的佛教徒都對靈魂的觀念不深。

現在的各宗教、宗派，把送葬視爲大事，且靈魂與宗教有著密不可分的關係。

佛教雖然把死的問題列爲一大重點，但另一方面，也向民眾解釋來世、輪迴等教義。

佛教中有關地獄、極樂的思想，以及今後死後的世界，大部分都有向民眾解說。

在現實中，靈魂是否存在，若論及這種問題時，常有兩種態度出現。

一種是以科學理論無法證明，則判斷沒有；以及即使以科學理論

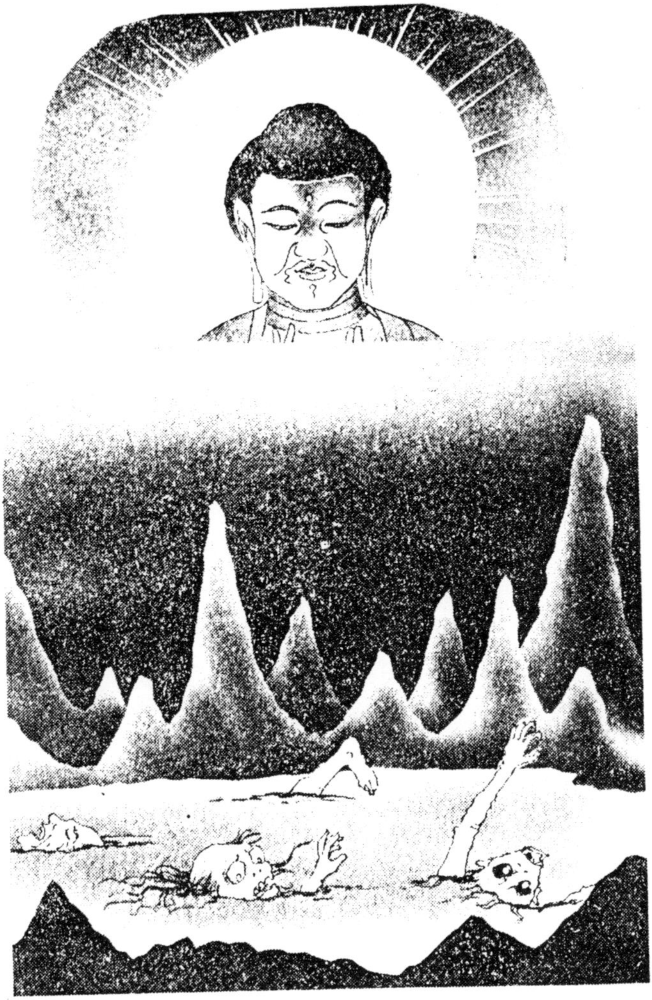

死後的世界形形色色

無法證明，相信有的人，也會堅持它的存在。

但是，不論是位於何種立場，都不應堅決自己的立場，也不能取笑那些居於反對立場的人。有關這種靈魂的存在，相信或是不相信，這終究會真相大白的。

試問斷言沒有靈魂的人「爲什麼不存在」？這是由於以實驗及理論無法證明它的存在，而歸納出沒有這種東西，所以不可能存在。

認爲「有」的人不能以實驗及理論來證明真的有，而認爲「沒有」的人也無法證明出它真的沒有。

「靈魂」的存在，信或者不信，是由於是否有親身去體驗過。若是有親身經歷過的人，則相信的意念就會增強。

但是，現在心靈科學的研究、發展的趨勢越發先進，或許不久的將來就能以科學的方法證明。

長期以來，或許你會發現，一生拼命的努力，孜孜不倦的奮鬥，但是仍無法改變自己的命運。這種事實，或許在今日反覆來看，是「現象界」與「實相界」之間的鴻溝吧！或是由於自己的意念不正也說不定。

這種不可思議、看不見的命運，是牽涉到先世遠祖的因緣靈，或者是有關於自己死者的靈，而顯現於今世的生活中。

如果自己的惡運或是不順利，是由於許多靈魂阻礙所造成的話，不論自己是如何努力或是如何用心，都無法改變現狀。唯一的方法只有除去造成影響的靈魂，才能有所突破。

有惡靈附身時就會生病，運氣也會走下坡，這就是自己本身的靈受到了障礙。到目前為止所說的與神佛合一，以脫離惡運的事暫放於別的單元。與神佛融為一體，乃除去靈的障礙，似乎沒有多大的關係，但還是有影響的。

因爲靈魂的障礙而生活不幸，則去除惡靈是非常重要的。但是，這種惡靈可以說是自己本身中的「邪氣」，而這種人常常會隨慾而生，會很難與神佛之心相處。所以，爲了靈魂不受污染，仍然必須靠著與神佛合一，才能得到清淨之軀。

寺廟之中雖然附「淨靈祈願」，但是這仍須靠著各人心志的強弱，來摒除惡靈，這樣才能清淨心靈，產生佛性。

我們向神佛祈願，由於他們的加護力，使得自己的身心完全得到解放與自由。

換句話說，為了與神佛合一，必須先有清淨的心靈，而心靈的清淨則需要淨靈。

有關佛教、因緣及因緣靈

因緣，在佛教中若要詳細解釋的話，是非常深奧的一種理論。但是，若簡單的說，形成事物的「原因」，與幫助這種原因產生結果的「緣」的關係，這就可說是「因緣」。

雖然說「一切的法都是由因緣而生」，但是「對於目前發生的事和以前的關係」都是因緣，這種結果都是因果。和某一女性相識是因緣，之後結婚、生子的話，這就是因果。若是好的因緣則結好果，能有個好家庭；若是不好的因緣，就可能會是不幸的家庭。

關於因緣的佛教語非常多，因業緣、因緣和合、因緣說法、因緣觀等等，都是佛教書籍中的常用語。

因緣的法則，雖然道理深奧，但是在我們日常生活的會話中「這都是由於因緣所致」，或者是「有這個結果，就是有這種因緣」，經常使用這種話。帶「因緣」的字眼或許會覺得很恐怖吧！

雖然說因緣道理深奧，但在日常生活中所使用的「因緣」，都有「關係」或是「命運」或是「孽緣」的意思。

換句話來說，自己在此時此地能存在著，這種原因，或許稱爲因緣較爲恰當。這意味著所有的人都脫離不了因緣。

現在，若我能坐在這裡是由於因緣的話，那麼，我能生於今世也是由於因緣。沒有因緣的存在，於是沒有人能存在，也不可能發生任何事。

我接受今世之生，由於與雙親的因緣而有我的存在，父母也是由於因緣而相識、結合，才能有我。

那麼，父母的前世因緣又是誰呢？就是祖父母。然而，祖父母則是由曾祖父母而來。人類都是由因緣而有相互的關係。

若以這種想法來看，因緣或許也可以說是從自己遙遠的魂魄爲出發點所持續的關係。

在自己已經存活於今的情形，這是屬於傳統的「因緣」關係。

就如前面所述，父母親分別有他們的父母；以自己本身來說，祖父母也會有他們的父母。就因爲這樣代代相生不息而越來越多。

自己宛若一粒米，爲了存在就必須牽繫著因緣、因果。

最近流行的心靈，人人口中常提及「因緣靈」，這種因緣的思想，是關係到靈的現象。對於多數祖先的靈魂中，在靈界之中不思修業，或者是生前的不得志而不能瞑目而死等等各種事情，至今尚迷惑於苦難之中的或許也有——。

數千數萬的祖先中迷失的靈魂，都有關於自己的因緣靈——。即是因祖先的因緣不正，而給了自己因果關係的影響——這就是「因緣靈」。

若是這種因緣的因果影響了自己的今世，當然會使自己陷溺於苦難之中。因此，由於苦於因緣之苦，所以必須要端正因緣，及洗淨祖先之靈，以這種想法做爲對付心靈上的因緣的態度。更簡單的說，前世祖先所積下來的孽緣，在今世的我們必須要償還。

這種因緣債，以各式各樣的形式來督促我們。

疾病環繞的情形，或是人生有順心、不如意的命運都是屬於因緣債。若是沒有結婚運而嫁不出去等等，也都是相同的情形。

果真這種孽債困擾著我們，則必須忍耐、好好努力去克服它，因爲這是祖先所留下來的因緣，必須由我們償還。

但是，這樣的人生豈不是太辛酸了。

盡所能的解脫因緣，大概也不能過幸福的人生吧！

向神佛祈禱，就是爲了解脫因緣。

而且，自己本身須有清淨的生活方式，和神佛走一樣的步調，才能脫離祖先的因緣之路。

對神佛來說是沒有因緣，也沒有因果。神佛的生命力是永遠綻放光芒。所以，達到神佛之境地，就能解脫自身的因緣。

因果報應的思想

佛教中，有「因果報應」的思想。因果是形成事物的原因以及結果，而產生的影響就稱爲因果報應。

因果報應，因爲是因和果互相影響而產生的事物，所以因果是相互有關係的。即是善因結善果、惡因結惡果。

這種果的說法和因緣一樣都有很多說詞，如「因果輪迴」「因果差別」「因果人」「因果事」「上代因果報應於下一代」等等。

這種的因果關係，是善有善報、惡有惡報。

例如：有一病人有以下想法。

「自己患了重病，因爲前世的因緣而必須經歷了這種苦。我在前世，一定是做了不少虧心事。因此，報應在自己身上。這就是惡有惡報的結果。」

這種想法，和前述的因緣靈的想法相類似。

嚴格來說，這種因緣、因果的話，那麼所有的現象都有一定的因果法則。

現在，自己患了傷寒，就是因為背負了患傷寒的這種因緣。傷寒是傳染病，且感染了這種病菌也就是有這種因緣和因果。

但是，若光是這種傳染病，自己不能認為這不是自己的罪過。感染了這種病菌的因緣，是因為自己已經種下了這種因緣的種子。到傷寒菌所存在的地方，當然就容易得到傷寒。像此類的因緣、因果、惡因、惡果，自己必須潛心修行，以信仰來消滅因緣。

對神佛的祈禱是必要的事，自己於睡眠中去除「惡種」，而重新「播種優良命運之種」。

自己能順心的生活，是由於「善因」所產生的「善果」，才能過最美好的日子。

所以說，「善有善報」「惡有惡報」，這就是因果報應。

信仰與奇蹟的故事

「神佛究竟有多少靈力？」「神佛爲何能替人治病？」有關於這種不可思議的靈驗已經都敘述過了。

但是，在這裡我們再一次來探討信心與奇蹟的關係。

有些人不能忍受病痛之苦，或是人生的煩惱，都可以藉由祈願而得到神佛的加護力，最後得以解決這種苦。然而向苦痛挑戰而用盡方法束手無策時，人最後都會把這種希望寄託在神佛的身上。

最後由於神佛的加護力得以痊癒，這種奇蹟式的結果很多人都曾體驗過。

如果不太相信的人聽了這些實例後，不會心動的人也很少了。

這是當然的，連我自己對於這種不可思議的結果，以及這種不可思議的例子都無法不去信服。

雖然我是親眼所見所以不得不信，可是對第三者來說，想使他相信卻是一件難事。

但是，如果這個人在求助無門時，最後向神佛祈願而得到了奇蹟似的加護力，他就會不得不相信確有此事，而且也會更相信神佛的力量。

以下的故事中也是不可思議的奇蹟，就是治癒了癌症。細胞的異常增殖的癌症，就是在現在科技進步的醫學界中，也尚未十分瞭解這種病。這種極難醫治的疾病，或許就能藉由神佛之力而治癒了吧！這種話就算講了，幾乎是以懷疑的眼光來看待，很少人會去相信。

對於治癒了癌症的信徒，追根究底的以客觀的事實詢問他。例如：

「在那一家醫院中驗知這種疾病？」

「診斷醫師是何人？」

「自發病至今接受了哪些治療？」

……等等，問得非常詳細。並且一一的去求證，結果發現這都是事實。

當然，在這調查的過程中，也曾懷疑與不信，但因為為了證明信徒所說的真僞，就非得調查得一淸二楚不可。

像如此奇蹟式的故事中，真不得不相信這位信徒確實罹患過癌。而且，這個信徒所講的話都句句屬實。

癌或是白血病或是惡性腫瘤，這都是難以治癒的疾病，連進步的科學醫療技術都難以解答的病，居然能不藥而癒，不得不說是一種奇蹟了。

一位信徒近十年來都爲頭疼煩惱了大半輩子，自從接受護摩修法，則漸漸好轉起來，幾乎不曾再犯了。

而且，就如前面所敘述，想得到神佛的加護力，就必須自己先有一顆清淨的心來接受神佛，然而相信神佛之心也必須虔誠。

前面曾說一件實例，有一個老婆婆的傘壞了的事情。這就是她的誠心感動了天，使得自己能達成心願。

相同地，若是向神祈求「請治癒我的病吧！」即使還不能有所見效，但是由於自己的誠心，就能遇見一位高明的醫生，或是恰巧有新藥發現而治好了病。這都是由於自己的意念所導致的結果。

病的痊癒，雖然不能確定由於醫師的高明，還是藥效的作用，但我們可以相信這是由於向神的祈禱，而使我們遇見了這位醫師，或是新藥的發明。所以，人對信仰的強烈程度，是可以影響人的作為。每個人對於這種想法多少有些不同，但是神佛的加護的確是我們可以相信的事實。

有時候，面對一個已死的人，向神祈求「請讓他復活，不要讓他就這樣死去」。雖然這個人已宣告死亡了，但不可思議的是，居然死了一天又活過來了。

也有人因為心臟病的經常發作而帶來生命危險，而且這個病已持續了十年之久，所以每天向神佛祈願，不可思議的，幾年之後，重返醫院照心電圖，卻發現心跳正常了。

以上所舉的都是奇蹟似的例子，但不僅是出現在疾病方面而已，所有的事物都有可能發生。

信仰能產生偉大力量以肩負任何苦難

自己命運的好轉，或是自己的考試合格，自己擁有特別的才能，自己能在危險中安然無恙……等等各種形式的表現，都可以說是神佛帶來的奇蹟。

像此類的奇蹟，不論是被人肯定或是否定，都是存在於現在的社會中。

這種奇蹟式的事情，是不能把它視爲偶發事件。雖然我們想這究竟是「單純的偶然」還是「神佛之心使然」，我們是不能只想到這是恰巧的事，這是由於在無形的背後有人在指使著，這個人就是神佛。所以，我們若與神佛同在，則將得永遠之幸福。

有關守護靈的解說

死者之靈的「心靈」與神之靈的「神靈」——這是完全不同的東西。

但是，在我這裡所要闡述的「神靈」，就是支配著「宇宙法則」的「絕對偉大的生命」。

一切的萬物，都在此「偉大的生命」支配下而產生。

在心靈科學中，有「守護靈」這種東西，這個「守護靈」護佑著人類，在其背後修正了人類的命運，並且引導人走向正確的道路。

這個「守護靈」，是在人類的祖先中的「某個靈」傳說中，死後約二百年至七百年之間的靈魂就能成爲守護靈。

超自然的「絕對偉大的生命」，就是「神靈」，而且聽取人類的願望，固守著人類的命運，這就是祖先之靈的「守護靈」所應盡的職責。

但是，我們已經把祖先的靈「神格化」了，而且也已經與「超自然偉大的生命」一體化。

「守護靈」即是「大生命」的加護力，這是相同而且相等。雖然我們向神佛的祈禱與向守護靈的祈禱言詞多少有些不同，但是其目的和結果終究是一致的。

小孩子向父親要求買玩具。但是，結果這個玩具是母親買的。對這個小孩子來說，向父親要求買玩具，這個玩具是應由父親買。但是，實際上是母親買給他。可是現實情況中，小孩子只要有玩具，不論是誰買都是一樣。

「神靈」和「守護靈」就相等於「父親」和「母親」，對我們來說，誰給我們東西都是一樣，因爲不論是誰給我們，我們都能擁有。

我們向神靈祈禱「請改變我的命運，使我脫離苦海！」因爲這個祈求使我們的命運改變了，但我們仍不能確定是「神靈」還是「守護靈」拯救了我們。

但是，唯一可以確信的是有某種神秘的力量加護在我們的身上。

祈禱是一件高尚的行爲，不論是對於神靈，或是守護靈我們都必須慎重其事。所以會有很多人得到這種靈驗或是奇蹟，是與信仰心有密切的關係。

目前若是陷於苦痛的人想要自救，只要向神佛祈禱，就算「神靈」或是「守護靈」，都能得到「神秘之力」的幫助。

心理諮詢與心靈治療

一位心理分析師接受人生諮詢來幫助別人。來到這裡的人幾乎都帶有一些煩惱，因此，為了這些煩惱的人，分析師都會竭盡力量為他們解決。

以百種人有百種樣來說，諮詢的內容及煩惱的內容是有極大的差別。

大部分的人都是因為疾病、結婚的煩惱、離婚的痛苦、事業的不順、兒女的學壞、丈夫的外遇、妻子的不貞……等等，不勝枚舉。

在面談中，由於其人自身的經歷，能使第三者聽了知道人世間的一些酸甜苦辣。而且這些煩惱也幾乎都是自作自受的。雖然這是由於自己疏忽而造成的結果，但是為什麼某些悲慘落在一個人的身上……這實在是值得同情。

徹底的了解對方的談話，有關現實中的問題大家都能理解，因此人生諮詢是以實行做爲方法。一些有名的大學教授，或是名流的太太，雖都不太講他們心中的事情，但這與一般的人生諮詢都是以一樣的方式。

因爲去面談的人形形色色，有護士、學者、警察、青少年、老年人，因此，分析師自己就必須先具備了各種知識，像是法律上的知識、醫學上的學問……等等都必須去涉獵，有時也必須去深入瞭解，才能對各種人講解。

在人生諮詢中，若是全部都是普通人，則所談的體驗當然都是日常生活的細節，只要有一些法律常識就能解決問題。這種事也許去找律師解決會比來找分析師來得好。

有些人開始閒聊，只要分析師運用一些小智慧來點醒他們，他們就能恍然大悟了。

但是，有些麻煩的事情，是不能以知識解決問題。這種情形，就是前面曾經敘述過「靈的障礙」，這種是需要有靈感以及靈視才能解決困擾。

所以，若是此人有異常的煩惱，則這一定是有靈的障礙存在。

在這種心理諮詢中，有異常的疾病，或是有連醫生也診察不出的慢性病。另外，也有以常理不能判斷的人際關係，或是由於人與人之間而演變出悲慘的事件，或者是，突如奇來降於自己身上的命運。

超越常能的事情就是有靈的障礙，由於這種因素會造成人一生的不安。

因爲靈障而煩惱痛苦的人，就必須以降靈來解除靈的障礙。

有一本『與惡靈對談』書中就有詳細談到此類的事情。

單純的人與人之間的煩惱、單純的法律事件、單純的醫學問題……等等，若是深入探討的話，只不過是一位好的心理家、好的律師或是好的醫生就能解決問題。

但是，一些心靈上的問題，這是由於靈的障礙所導致的結果，並不是用一般方法就能解決。

因爲惡靈的影響而使人生病，使得命運乖離。諸如此類的事，我們都稱爲它是「靈的障礙」「靈障」等等。

一些因緣靈或是浮遊靈等的惡靈，若是環繞在自己的周遭，就會成為靈障。

這些依附在身上的惡靈必須要有高級的靈能者才能去除。若是不知道這種靈的本質，想去除就相對的困難。所以，以降靈來與其靈溝通，說服此靈離去，即能除靈。

因為降靈是必要的事，因此依場合、目的來做降靈。雖然花時間降靈，或許會使一些不相干的靈出現，但是由於有守護靈存在，這種情形是極少出現。

「喚靈」「降靈」，經常有此類的事情。例如：

有個地方有某個人，呼喚死者的靈魂，使之降在靈媒的身上，這個死者就藉由靈媒而說出自己的事。我所降的靈，雖是藉由靈，但原理和這種方法類似。靈媒是必須將自己的心借出，使之附靈才能得知真相，原則上，都會要求來的人自己做靈媒。

如果有夫婦一同前往者，其中一人充當靈媒，而另一個人旁觀，這樣由當靈媒的人所講出的話較為客觀，也才能使別人信服。

然而，降靈法是經長時間的修煉，以及人生歷練所體會出來的。一般由於降靈法的「降靈」，雖然是一種心靈治療，但是本身不把它當做是治療，而是以「降靈」與「祈願」的方法來達成「洗淨靈魂」「驅除惡靈」的目的。

心靈治療這種名詞，是最近才流行，起於歐洲、日本，世界上的心靈科學研究者都採用「心靈治療」幫助了不少人脫離痛苦。

目前實施心靈治療的地方有歐洲、美國中東、亞洲、南美以及非洲，幾乎傳遍了整個世界。

有些心靈治療是以降靈來與靈談話，說服他離開，若是這種除靈法成功的話，患者的疾病就能因惡靈的遠離而漸漸消失。

每一個做心靈治療者，都會因經驗或是個性而有不同的方法。雖然方法有各式各樣，但是最終的目的都是一樣，都是以降靈、除靈來洗淨原本污穢的靈魂。

心靈治療雖然隔了一層界限，但都會勸信徒們以「淨靈祈願」來修道。

生病或是運氣不好的根本因素都是由於心靈上受蒙蔽的因素，如果生病了，爲了和病魔抵抗，就必須吃藥，而且自己的意志也必須堅定。所以，不論自己遇到了何種困難一定要嘗試去解決，只要心意堅定，就能得到神佛的加護力。

密教與曼陀羅

密教的教義，是極深奧的一門學問，不是看一次就能完全理解，每個人必須十分的努力來研讀。

雖然是不易理解，但是如果潛心研究，不怕費時費事，總有一天可以融會貫通。

所謂真理，就是佛教中所說的「真言」。

人類必須跟隨的佛的真言才能生活，但是常在口中所說的真言，並不是最正確的言語。因爲這一定會加上僞裝以及修飾。但是，這種話若是在心中時，這種在內心的秘密就是「真言」。所以「秘密語」才是真。「密言」才是真正佛的教義。

佛所闡述的是宇宙的哲理、宇宙的奧秘，這就是真實的教義，以這種教義與佛結交而得到利益，就是人生的指標。

世界雖然是由「地水火風空識」六種力量形成的宇宙，但在這現實的同時，也有佛的存在。

這世界中到處是淨土，每個人都是佛。

若有簡單的認識論的話，極盡這個世界都是佛的世界。但是，只要同時瞭解這兩種理論，就能達到「悟」的境界。

這樣子佛就能進入自己的心中——這即是前面常說的「與神佛結為一體」，也可說達到了身口意三密的境界。然而描繪出這種人與佛的關係就是曼陀羅。

一般來說，佛教是無法說明整個佛的世界，人與佛有一線之隔，不僅是求佛來拯救世界，自己也必須努力去瞭解神佛之理。

但是，密教中把拯救與和神佛合一當成是自己的事。

密教，可以藉由三密的修行方法而得道。

積極的祈禱、積極的念佛以進入佛的世界與神佛同在，這就是密教。

由於根據秘法而得佛的神秘，密教以得到這種利益為目的，求得脫離苦海的方法。

曼陀羅，它是以平面表現出宇宙與人間的本質，把佛、菩薩的體系以及悟道的世界圖表化。

釋迦牟尼的世界，不僅是有眾生的過去及未來，也有遍佈宇宙的世界，佛教中所說的世界就是這種這種曼陀羅的世界。

簡單的說，人有生必有死。但是，生死這種因緣的種子是永遠不會毀滅，生生不息，這就是輪迴。

你有壞的因緣，是因爲有壞的種子萌芽了。如果能從這裡解脫出來就能得救。

這種因緣的解脫不是由於密法，而是由於拯救眾生的心。

總而言之，許多信徒的祈願，希望能夠得道，這都是爲了使自己與神佛合一，得到永生。

大展出版社有限公司 品冠文化出版社	圖書目錄
地址：台北市北投區(石牌) 致遠一路二段 12 巷 1 號 郵撥：0166955～1	電話：(02)28236031 28236033 傳真：(02)28272069

・法律專欄連載・電腦編號 58

台大法學院　法律學系／策劃
法律服務社／編著

1. 別讓您的權利睡著了 1		200 元
2. 別讓您的權利睡著了 2		200 元

・武術特輯・電腦編號 10

1. 陳式太極拳入門	馮志強編著	180 元
2. 武式太極拳	郝少如編著	200 元
3. 練功十八法入門	蕭京凌編著	120 元
4. 教門長拳	蕭京凌編著	150 元
5. 跆拳道	蕭京凌編譯	180 元
6. 正傳合氣道	程曉鈴譯	200 元
7. 圖解雙節棍	陳銘遠著	150 元
8. 格鬥空手道	鄭旭旭編著	200 元
9. 實用跆拳道	陳國榮編著	200 元
10. 武術初學指南	李文英、解守德編著	250 元
11. 泰國拳	陳國榮著	180 元
12. 中國式摔跤	黃　斌編著	180 元
13. 太極劍入門	李德印編著	180 元
14. 太極拳運動	運動司編	250 元
15. 太極拳譜	清・王宗岳等著	280 元
16. 散手初學	冷　峰編著	200 元
17. 南拳	朱瑞琪編著	180 元
18. 吳式太極劍	王培生著	200 元
19. 太極拳健身和技擊	王培生著	250 元
20. 秘傳武當八卦掌	狄兆龍著	250 元
21. 太極拳論譚	沈　壽著	250 元
22. 陳式太極拳技擊法	馬　虹著	250 元
23. 二十四式/三十二式 太極 拳/劍	闞桂香著	180 元
24. 楊式秘傳 129 式太極長拳	張楚全著	280 元
25. 楊式太極拳架詳解	林炳堯著	280 元

26.	華佗五禽劍	劉時榮著	180 元
27.	太極拳基礎講座:基本功與簡化 24 式	李德印著	250 元
28.	武式太極拳精華	薛乃印著	200 元
29.	陳式太極拳拳理闡微	馬 虹著	350 元
30.	陳式太極拳體用全書	馬 虹著	400 元
31.	張三豐太極拳	陳占奎著	200 元
32.	中國太極推手	張 山主編	300 元
33.	48 式太極拳入門	門惠豐編著	220 元

・原地太極拳系列・電腦編號 11

1.	原地綜合太極拳 24 式	胡啓賢創編	220 元
2.	原地活步太極拳 42 式	胡啓賢創編	200 元
3.	原地簡化太極拳 24 式	胡啓賢創編	200 元
4.	原地太極拳 12 式	胡啓賢創編	200 元

・道學文化・電腦編號 12

1.	道在養生：道教長壽術	郝 勤等著	250 元
2.	龍虎丹道：道教內丹術	郝 勤著	300 元
3.	天上人間：道教神仙譜系	黃德海著	250 元
4.	步罡踏斗：道教祭禮儀典	張澤洪著	250 元
5.	道醫窺秘：道教醫學康復術	王慶餘等著	250 元
6.	勸善成仙：道教生命倫理	李 剛著	250 元
7.	洞天福地：道教宮觀勝境	沙銘壽著	250 元
8.	青詞碧簫：道教文學藝術	楊光文等著	250 元
9.	沈博絕麗：道教格言精粹	朱耕發等著	250 元

・秘傳占卜系列・電腦編號 14

1.	手相術	淺野八郎著	180 元
2.	人相術	淺野八郎著	180 元
3.	西洋占星術	淺野八郎著	180 元
4.	中國神奇占卜	淺野八郎著	150 元
5.	夢判斷	淺野八郎著	150 元
6.	前世、來世占卜	淺野八郎著	150 元
7.	法國式血型學	淺野八郎著	150 元
8.	靈感、符咒學	淺野八郎著	150 元
9.	紙牌占卜學	淺野八郎著	150 元
10.	ESP 超能力占卜	淺野八郎著	150 元
11.	猶太數的秘術	淺野八郎著	150 元
12.	新心理測驗	淺野八郎著	160 元
13.	塔羅牌預言秘法	淺野八郎著	200 元

・趣味心理講座・電腦編號 15

1. 性格測驗	探索男與女	淺野八郎著	140 元
2. 性格測驗	透視人心奧秘	淺野八郎著	140 元
3. 性格測驗	發現陌生的自己	淺野八郎著	140 元
4. 性格測驗	發現你的真面目	淺野八郎著	140 元
5. 性格測驗	讓你們吃驚	淺野八郎著	140 元
6. 性格測驗	洞穿心理盲點	淺野八郎著	140 元
7. 性格測驗	探索對方心理	淺野八郎著	140 元
8. 性格測驗	由吃認識自己	淺野八郎著	160 元
9. 性格測驗	戀愛知多少	淺野八郎著	160 元
10. 性格測驗	由裝扮瞭解人心	淺野八郎著	160 元
11. 性格測驗	敲開內心玄機	淺野八郎著	140 元
12. 性格測驗	透視你的未來	淺野八郎著	160 元
13. 血型與你的一生		淺野八郎著	160 元
14. 趣味推理遊戲		淺野八郎著	160 元
15. 行爲語言解析		淺野八郎著	160 元

・婦 幼 天 地・電腦編號 16

1.	八萬人減肥成果	黃靜香譯	180 元
2.	三分鐘減肥體操	楊鴻儒譯	150 元
3.	窈窕淑女美髮秘訣	柯素娥譯	130 元
4.	使妳更迷人	成　玉譯	130 元
5.	女性的更年期	官舒妍編譯	160 元
6.	胎內育兒法	李玉瓊編譯	150 元
7.	早產兒袋鼠式護理	唐岱蘭譯	200 元
8.	初次懷孕與生產	婦幼天地編譯組	180 元
9.	初次育兒 12 個月	婦幼天地編譯組	180 元
10.	斷乳食與幼兒食	婦幼天地編譯組	180 元
11.	培養幼兒能力與性向	婦幼天地編譯組	180 元
12.	培養幼兒創造力的玩具與遊戲	婦幼天地編譯組	180 元
13.	幼兒的症狀與疾病	婦幼天地編譯組	180 元
14.	腿部苗條健美法	婦幼天地編譯組	180 元
15.	女性腰痛別忽視	婦幼天地編譯組	150 元
16.	舒展身心體操術	李玉瓊編譯	130 元
17.	三分鐘臉部體操	趙薇妮著	160 元
18.	生動的笑容表情術	趙薇妮著	160 元
19.	心曠神怡減肥法	川津祐介著	130 元
20.	內衣使妳更美麗	陳玄茹譯	130 元
21.	瑜伽美姿美容	黃靜香編著	180 元
22.	高雅女性裝扮學	陳珮玲譯	180 元
23.	蠶糞肌膚美顏法	梨秀子著	160 元

24. 認識妳的身體	李玉瓊譯	160 元
25. 產後恢復苗條體態	居理安・芙萊喬著	200 元
26. 正確護髮美容法	山崎伊久江著	180 元
27. 安琪拉美姿養生學	安琪拉蘭斯博瑞著	180 元
28. 女體性醫學剖析	增田豐著	220 元
29. 懷孕與生產剖析	岡部綾子著	180 元
30. 斷奶後的健康育兒	東城百合子著	220 元
31. 引出孩子幹勁的責罵藝術	多湖輝著	170 元
32. 培養孩子獨立的藝術	多湖輝著	170 元
33. 子宮肌瘤與卵巢囊腫	陳秀琳編著	180 元
34. 下半身減肥法	納他夏・史達賓著	180 元
35. 女性自然美容法	吳雅菁編著	180 元
36. 再也不發胖	池園悅太郎著	170 元
37. 生男生女控制術	中垣勝裕著	220 元
38. 使妳的肌膚更亮麗	楊　皓編著	170 元
39. 臉部輪廓變美	芝崎義夫著	180 元
40. 斑點、皺紋自己治療	高須克彌著	180 元
41. 面皰自己治療	伊藤雄康著	180 元
42. 隨心所欲瘦身冥想法	原久子著	180 元
43. 胎兒革命	鈴木丈織著	180 元
44. NS 磁氣平衡法塑造窈窕奇蹟	古屋和江著	180 元
45. 享瘦從腳開始	山田陽子著	180 元
46. 小改變瘦 4 公斤	宮本裕子著	180 元
47. 軟管減肥瘦身	高橋輝男著	180 元
48. 海藻精神秘美容法	劉名揚編著	180 元
49. 肌膚保養與脫毛	鈴木真理著	180 元
50. 10 天減肥 3 公斤	彤雲編輯組	180 元
51. 穿出自己的品味	西村玲子著	280 元
52. 小孩髮型設計	李芳黛譯	250 元

・青 春 天 地・電腦編號 17

1. A 血型與星座	柯素娥編譯	160 元
2. B 血型與星座	柯素娥編譯	160 元
3. O 血型與星座	柯素娥編譯	160 元
4. AB 血型與星座	柯素娥編譯	120 元
5. 青春期性教室	呂貴嵐編譯	130 元
7. 難解數學破題	宋釗宜編譯	130 元
9. 小論文寫作秘訣	林顯茂編譯	120 元
11.中學生野外遊戲	熊谷康編著	120 元
12.恐怖極短篇	柯素娥編譯	130 元
13.恐怖夜話	小毛驢編譯	130 元
14.恐怖幽默短篇	小毛驢編譯	120 元
15.黑色幽默短篇	小毛驢編譯	120 元

16.靈異怪談	小毛驢編譯	130元
17.錯覺遊戲	小毛驢編著	130元
18.整人遊戲	小毛驢編著	150元
19.有趣的超常識	柯素娥編譯	130元
20.哦！原來如此	林慶旺編譯	130元
21.趣味競賽100種	劉名揚編譯	120元
22.數學謎題入門	宋釗宜編譯	150元
23.數學謎題解析	宋釗宜編譯	150元
24.透視男女心理	林慶旺編譯	120元
25.少女情懷的自白	李桂蘭編譯	120元
26.由兄弟姊妹看命運	李玉瓊編譯	130元
27.趣味的科學魔術	林慶旺編譯	150元
28.趣味的心理實驗室	李燕玲編譯	150元
29.愛與性心理測驗	小毛驢編譯	130元
30.刑案推理解謎	小毛驢編譯	180元
31.偵探常識推理	小毛驢編譯	180元
32.偵探常識解謎	小毛驢編譯	130元
33.偵探推理遊戲	小毛驢編譯	180元
34.趣味的超魔術	廖玉山編著	150元
35.趣味的珍奇發明	柯素娥編著	150元
36.登山用具與技巧	陳瑞菊編著	150元
37.性的漫談	蘇燕謀編著	180元
38.無的漫談	蘇燕謀編著	180元
39.黑色漫談	蘇燕謀編著	180元
40.白色漫談	蘇燕謀編著	180元

・健康天地・電腦編號18

1. 壓力的預防與治療	柯素娥編譯	130元
2. 超科學氣的魔力	柯素娥編譯	130元
3. 尿療法治病的神奇	中尾良一著	130元
4. 鐵證如山的尿療法奇蹟	廖玉山譯	120元
5. 一日斷食健康法	葉慈容編譯	150元
6. 胃部強健法	陳炳崑譯	120元
7. 癌症早期檢查法	廖松濤譯	160元
8. 老人痴呆症防止法	柯素娥編譯	130元
9. 松葉汁健康飲料	陳麗芬編譯	130元
10. 揉肚臍健康法	永井秋夫著	150元
11. 過勞死、猝死的預防	卓秀貞編譯	130元
12. 高血壓治療與飲食	藤山順豐著	180元
13. 老人看護指南	柯素娥編譯	150元
14. 美容外科淺談	楊啓宏著	150元
15. 美容外科新境界	楊啓宏著	150元
16. 鹽是天然的醫生	西英司郎著	140元

17.	年輕十歲不是夢	梁瑞麟譯	200 元
18.	茶料理治百病	桑野和民著	180 元
19.	綠茶治病寶典	桑野和民著	150 元
20.	杜仲茶養顏減肥法	西田博著	170 元
21.	蜂膠驚人療效	瀨長良三郎著	180 元
22.	蜂膠治百病	瀨長良三郎著	180 元
23.	醫藥與生活	鄭炳全著	180 元
24.	鈣長生寶典	落合敏著	180 元
25.	大蒜長生寶典	木下繁太郎著	160 元
26.	居家自我健康檢查	石川恭三著	160 元
27.	永恆的健康人生	李秀鈴譯	200 元
28.	大豆卵磷脂長生寶典	劉雪卿譯	150 元
29.	芳香療法	梁艾琳譯	160 元
30.	醋長生寶典	柯素娥譯	180 元
31.	從星座透視健康	席拉・吉蒂斯著	180 元
32.	愉悅自在保健學	野本二士夫著	160 元
33.	裸睡健康法	丸山淳士等著	160 元
34.	糖尿病預防與治療	藤田順豐著	180 元
35.	維他命長生寶典	菅原明子著	180 元
36.	維他命 C 新效果	鐘文訓編	150 元
37.	手、腳病理按摩	堤芳朗著	160 元
38.	AIDS 瞭解與預防	彼得塔歇爾著	180 元
39.	甲殼質殼聚糖健康法	沈永嘉譯	160 元
40.	神經痛預防與治療	木下真男著	160 元
41.	室內身體鍛鍊法	陳炳崑編著	160 元
42.	吃出健康藥膳	劉大器編著	180 元
43.	自我指壓術	蘇燕謀編著	160 元
44.	紅蘿蔔汁斷食療法	李玉瓊編著	150 元
45.	洗心術健康秘法	竺翠萍編譯	170 元
46.	枇杷葉健康療法	柯素娥編譯	180 元
47.	抗衰血癒	楊啓宏著	180 元
48.	與癌搏鬥記	逸見政孝著	180 元
49.	冬蟲夏草長生寶典	高橋義博著	170 元
50.	痔瘡・大腸疾病先端療法	宮島伸宜著	180 元
51.	膠布治癒頑固慢性病	加瀨建造著	180 元
52.	芝麻神奇健康法	小林貞作著	170 元
53.	香煙能防止癡呆？	高田明和著	180 元
54.	穀菜食治癌療法	佐藤成志著	180 元
55.	貼藥健康法	松原英多著	180 元
56.	克服癌症調和道呼吸法	帶津良一著	180 元
57.	B 型肝炎預防與治療	野村喜重郎著	180 元
58.	青春永駐養生導引術	早島正雄著	180 元
59.	改變呼吸法創造健康	原久子著	180 元
60.	荷爾蒙平衡養生秘訣	出村博著	180 元

61. 水美肌健康法	井戶勝富著	170 元
62. 認識食物掌握健康	廖梅珠編著	170 元
63. 痛風劇痛消除法	鈴木吉彥著	180 元
64. 酸莖菌驚人療效	上田明彥著	180 元
65. 大豆卵磷脂治現代病	神津健一著	200 元
66. 時辰療法—危險時刻凌晨 4 時	呂建強等著	180 元
67. 自然治癒力提升法	帶津良一著	180 元
68. 巧妙的氣保健法	藤平墨子著	180 元
69. 治癒 C 型肝炎	熊田博光著	180 元
70. 肝臟病預防與治療	劉名揚編著	180 元
71. 腰痛平衡療法	荒井政信著	180 元
72. 根治多汗症、狐臭	稻葉益巳著	220 元
73. 40 歲以後的骨質疏鬆症	沈永嘉譯	180 元
74. 認識中藥	松下一成著	180 元
75. 認識氣的科學	佐佐木茂美著	180 元
76. 我戰勝了癌症	安田伸著	180 元
77. 斑點是身心的危險信號	中野進著	180 元
78. 艾波拉病毒大震撼	玉川重德著	180 元
79. 重新還我黑髮	桑名隆一郎著	180 元
80. 身體節律與健康	林博史著	180 元
81. 生薑治萬病	石原結實著	180 元
82. 靈芝治百病	陳瑞東著	180 元
83. 木炭驚人的威力	大槻彰著	200 元
84. 認識活性氧	井土貴司著	180 元
85. 深海鮫治百病	廖玉山編著	180 元
86. 神奇的蜂王乳	井上丹治著	180 元
87. 卡拉 OK 健腦法	東潔著	180 元
88. 卡拉 OK 健康法	福田伴男著	180 元
89. 醫藥與生活	鄭炳全著	200 元
90. 洋蔥治百病	宮尾興平著	180 元
91. 年輕 10 歲快步健康法	石塚忠雄著	180 元
92. 石榴的驚人神效	岡本順子著	180 元
93. 飲料健康法	白鳥早奈英著	180 元
94. 健康棒體操	劉名揚編譯	180 元
95. 催眠健康法	蕭京凌編著	180 元
96. 鬱金（美王）治百病	水野修一著	180 元
97. 醫藥與生活	鄭炳全著	200 元

·實用女性學講座·電腦編號 19

1. 解讀女性內心世界	島田一男著	150 元
2. 塑造成熟的女性	島田一男著	150 元
3. 女性整體裝扮學	黃靜香編著	180 元
4. 女性應對禮儀	黃靜香編著	180 元

5. 女性婚前必修 小野十傳著 200元
6. 徹底瞭解女人 田口二州著 180元
7. 拆穿女性謊言88招 島田一男著 200元
8. 解讀女人心 島田一男著 200元
9. 俘獲女性絕招 志賀貢著 200元
10. 愛情的壓力解套 中村理英子著 200元
11. 妳是人見人愛的女孩 廖松濤編著 200元

・校園系列・電腦編號20

1. 讀書集中術 多湖輝著 180元
2. 應考的訣竅 多湖輝著 150元
3. 輕鬆讀書贏得聯考 多湖輝著 150元
4. 讀書記憶秘訣 多湖輝著 180元
5. 視力恢復！超速讀術 江錦雲譯 180元
6. 讀書36計 黃柏松編著 180元
7. 驚人的速讀術 鐘文訓編著 170元
8. 學生課業輔導良方 多湖輝著 180元
9. 超速讀超記憶法 廖松濤編著 180元
10. 速算解題技巧 宋釗宜編著 200元
11. 看圖學英文 陳炳崑編著 200元
12. 讓孩子最喜歡數學 沈永嘉譯 180元
13. 催眠記憶術 林碧清譯 180元
14. 催眠速讀術 林碧清譯 180元
15. 數學式思考學習法 劉淑錦譯 200元
16. 考試憑要領 劉孝暉著 180元
17. 事半功倍讀書法 王毅希著 200元
18. 超金榜題名術 陳蒼杰譯 200元
19. 靈活記憶術 林耀慶編著 180元

・實用心理學講座・電腦編號21

1. 拆穿欺騙伎倆 多湖輝著 140元
2. 創造好構想 多湖輝著 140元
3. 面對面心理術 多湖輝著 160元
4. 偽裝心理術 多湖輝著 140元
5. 透視人性弱點 多湖輝著 140元
6. 自我表現術 多湖輝著 180元
7. 不可思議的人性心理 多湖輝著 180元
8. 催眠術入門 多湖輝著 150元
9. 責罵部屬的藝術 多湖輝著 150元
10. 精神力 多湖輝著 150元
11. 厚黑說服術 多湖輝著 150元

12. 集中力 多湖輝著 150 元
13. 構想力 多湖輝著 150 元
14. 深層心理術 多湖輝著 160 元
15. 深層語言術 多湖輝著 160 元
16. 深層說服術 多湖輝著 180 元
17. 掌握潛在心理 多湖輝著 160 元
18. 洞悉心理陷阱 多湖輝著 180 元
19. 解讀金錢心理 多湖輝著 180 元
20. 拆穿語言圈套 多湖輝著 180 元
21. 語言的內心玄機 多湖輝著 180 元
22. 積極力 多湖輝著 180 元

・超現實心理講座・電腦編號 22

1. 超意識覺醒法 詹蔚芬編譯 130 元
2. 護摩秘法與人生 劉名揚編譯 130 元
3. 秘法！超級仙術入門 陸明譯 150 元
4. 給地球人的訊息 柯素娥編著 150 元
5. 密教的神通力 劉名揚編著 130 元
6. 神秘奇妙的世界 平川陽一著 200 元
7. 地球文明的超革命 吳秋嬌譯 200 元
8. 力量石的秘密 吳秋嬌譯 180 元
9. 超能力的靈異世界 馬小莉譯 200 元
10. 逃離地球毀滅的命運 吳秋嬌譯 200 元
11. 宇宙與地球終結之謎 南山宏著 200 元
12. 驚世奇功揭秘 傅起鳳著 200 元
13. 啟發身心潛力心象訓練法 栗田昌裕著 180 元
14. 仙道術遁甲法 高藤聰一郎著 220 元
15. 神通力的秘密 中岡俊哉著 180 元
16. 仙人成仙術 高藤聰一郎著 200 元
17. 仙道符咒氣功法 高藤聰一郎著 220 元
18. 仙道風水術尋龍法 高藤聰一郎著 200 元
19. 仙道奇蹟超幻像 高藤聰一郎著 200 元
20. 仙道鍊金術房中法 高藤聰一郎著 200 元
21. 奇蹟超醫療治癒難病 深野一幸著 220 元
22. 揭開月球的神秘力量 超科學研究會 180 元
23. 西藏密教奧義 高藤聰一郎著 250 元
24. 改變你的夢術入門 高藤聰一郎著 250 元
25. 21 世紀拯救地球超技術 深野一幸著 250 元

・養 生 保 健・電腦編號 23

1. 醫療養生氣功 黃孝寬著 250 元

2.	中國氣功圖譜	余功保著	250 元
3.	少林醫療氣功精粹	井玉蘭著	250 元
4.	龍形實用氣功	吳大才等著	220 元
5.	魚戲增視強身氣功	宮　嬰著	220 元
6.	嚴新氣功	前新培金著	250 元
7.	道家玄牝氣功	張　章著	200 元
8.	仙家秘傳袪病功	李遠國著	160 元
9.	少林十大健身功	秦慶豐著	180 元
10.	中國自控氣功	張明武著	250 元
11.	醫療防癌氣功	黃孝寬著	250 元
12.	醫療強身氣功	黃孝寬著	250 元
13.	醫療點穴氣功	黃孝寬著	250 元
14.	中國八卦如意功	趙維漢著	180 元
15.	正宗馬禮堂養氣功	馬禮堂著	420 元
16.	秘傳道家筋經內丹功	王慶餘著	280 元
17.	三元開慧功	辛桂林著	250 元
18.	防癌治癌新氣功	郭　林著	180 元
19.	禪定與佛家氣功修煉	劉天君著	200 元
20.	顛倒之術	梅自強著	360 元
21.	簡明氣功辭典	吳家駿編	360 元
22.	八卦三合功	張全亮著	230 元
23.	朱砂掌健身養生功	楊永著	250 元
24.	抗老功	陳九鶴著	230 元
25.	意氣按穴排濁自療法	黃啓運編著	250 元
26.	陳式太極拳養生功	陳正雷著	200 元
27.	健身祛病小功法	王培生著	200 元
28.	張式太極混元功	張春銘著	250 元
29.	中國璇密功	羅琴編著	250 元
30.	中國少林禪密功	齊飛龍著	200 元
31.	郭林新氣功	郭林新氣功研究所	400 元

・社會人智囊・電腦編號 24

1.	糾紛談判術	清水增三著	160 元
2.	創造關鍵術	淺野八郎著	150 元
3.	觀人術	淺野八郎著	200 元
4.	應急詭辯術	廖英迪編著	160 元
5.	天才家學習術	木原武一著	160 元
6.	貓型狗式鑑人術	淺野八郎著	180 元
7.	逆轉運掌握術	淺野八郎著	180 元
8.	人際圓融術	澀谷昌三著	160 元
9.	解讀人心術	淺野八郎著	180 元
10.	與上司水乳交融術	秋元隆司著	180 元
11.	男女心態定律	小田晉著	180 元

12. 幽默說話術	林振輝編著	200 元
13. 人能信賴幾分	淺野八郎著	180 元
14. 我一定能成功	李玉瓊譯	180 元
15. 獻給青年的嘉言	陳蒼杰譯	180 元
16. 知人、知面、知其心	林振輝編著	180 元
17. 塑造堅強的個性	坂上肇著	180 元
18. 爲自己而活	佐藤綾子著	180 元
19. 未來十年與愉快生活有約	船井幸雄著	180 元
20. 超級銷售話術	杜秀卿譯	180 元
21. 感性培育術	黃靜香編著	180 元
22. 公司新鮮人的禮儀規範	蔡媛惠譯	180 元
23. 傑出職員鍛鍊術	佐佐木正著	180 元
24. 面談獲勝戰略	李芳黛譯	180 元
25. 金玉良言撼人心	森純大著	180 元
26. 男女幽默趣典	劉華亭編著	180 元
27. 機智說話術	劉華亭編著	180 元
28. 心理諮商室	柯素娥譯	180 元
29. 如何在公司崢嶸頭角	佐佐木正著	180 元
30. 機智應對術	李玉瓊編著	200 元
31. 克服低潮良方	坂野雄二著	180 元
32. 智慧型說話技巧	沈永嘉編著	180 元
33. 記憶力、集中力增進術	廖松濤編著	180 元
34. 女職員培育術	林慶旺編著	180 元
35. 自我介紹與社交禮儀	柯素娥編著	180 元
36. 積極生活創幸福	田中真澄著	180 元
37. 妙點子超構想	多湖輝著	180 元
38. 說 NO 的技巧	廖玉山編著	180 元
39. 一流說服力	李玉瓊編著	180 元
40. 般若心經成功哲學	陳鴻蘭編著	180 元
41. 訪問推銷術	黃靜香編著	180 元
42. 男性成功秘訣	陳蒼杰編著	180 元
43. 笑容、人際智商	宮川澄子著	180 元
44. 多湖輝的構想工作室	多湖輝著	200 元
45. 名人名語啓示錄	喬家楓著	180 元
46. 口才必勝術	黃柏松編著	220 元
47. 能言善道的說話術	章智冠編著	180 元
48. 改變人心成爲贏家	多湖輝著	200 元
49. 說服的ＩＱ	沈永嘉譯	200 元
50. 提升腦力超速讀術	齊藤英治著	200 元
51. 操控對手百戰百勝	多湖輝著	200 元
52. 面試成功戰略	柯素娥編著	200 元
53. 摸透男人心	劉華亭編著	180 元
54. 撼動人心優勢口才	龔伯牧編著	180 元
55. 如何使對方說 yes	程 羲編著	200 元

56.	小道理・美好人生	林政峰編著	180 元
57.	拿破崙智慧箴言	柯素娥編著	200 元

・精選系列・電腦編號 25

1.	毛澤東與鄧小平	渡邊利夫等著	280 元
2.	中國大崩裂	江戶介雄著	180 元
3.	台灣・亞洲奇蹟	上村幸治著	220 元
4.	7-ELEVEN 高盈收策略	國友隆一著	180 元
5.	台灣獨立（新・中國日本戰爭一）	森詠著	200 元
6.	迷失中國的末路	江戶雄介著	220 元
7.	2000 年 5 月全世界毀滅	紫藤甲子男著	180 元
8.	失去鄧小平的中國	小島朋之著	220 元
9.	世界史爭議性異人傳	桐生操著	200 元
10.	淨化心靈享人生	松濤弘道著	220 元
11.	人生心情診斷	賴藤和寬著	220 元
12.	中美大決戰	檜山良昭著	220 元
13.	黃昏帝國美國	莊雯琳譯	220 元
14.	兩岸衝突（新・中國日本戰爭二）	森詠著	220 元
15.	封鎖台灣（新・中國日本戰爭三）	森詠著	220 元
16.	中國分裂（新・中國日本戰爭四）	森詠著	220 元
17.	由女變男的我	虎井正衛著	200 元
18.	佛學的安心立命	松濤弘道著	220 元
19.	世界喪禮大觀	松濤弘道著	280 元
20.	中國內戰（新・中國日本戰爭五）	森詠著	220 元
21.	台灣內亂（新・中國日本戰爭六）	森詠著	220 元
22.	琉球戰爭①（新・中國日本戰爭七）	森詠著	220 元
23.	琉球戰爭②（新・中國日本戰爭八）	森詠著	220 元

・運動遊戲・電腦編號 26

1.	雙人運動	李玉瓊譯	160 元
2.	愉快的跳繩運動	廖玉山譯	180 元
3.	運動會項目精選	王佑京譯	150 元
4.	肋木運動	廖玉山譯	150 元
5.	測力運動	王佑宗譯	150 元
6.	游泳入門	唐桂萍編著	200 元
7.	帆板衝浪	王勝利譯	300 元

・休閒娛樂・電腦編號 27

1.	海水魚飼養法	田中智浩著	300 元
2.	金魚飼養法	曾雪玫譯	250 元

3.	熱門海水魚	毛利匡明著	480 元
4.	愛犬的教養與訓練	池田好雄著	250 元
5.	狗教養與疾病	杉浦哲著	220 元
6.	小動物養育技巧	三上昇著	300 元
7.	水草選擇、培育、消遣	安齊裕司著	300 元
8.	四季釣魚法	釣朋會著	200 元
9.	簡易釣魚入門	張果馨譯	200 元
10.	防波堤釣入門	張果馨譯	220 元
11.	透析愛犬習性	沈永嘉譯	200 元
20.	園藝植物管理	船越亮二著	220 元
21.	實用家庭菜園ＤＩＹ	孔翔儀著	200 元
30.	汽車急救ＤＩＹ	陳瑞雄編著	200 元
31.	巴士旅行遊戲	陳羲編著	180 元
32.	測驗你的ＩＱ	蕭京凌編著	180 元
33.	益智數字遊戲	廖玉山編著	180 元
40.	撲克牌遊戲與贏牌秘訣	林振輝編著	180 元
41.	撲克牌魔術、算命、遊戲	林振輝編著	180 元
42.	撲克占卜入門	王家成編著	180 元
50.	兩性幽默	幽默選集編輯組	180 元
51.	異色幽默	幽默選集編輯組	180 元

・銀髮族智慧學・電腦編號 28

1.	銀髮六十樂逍遙	多湖輝著	170 元
2.	人生六十反年輕	多湖輝著	170 元
3.	六十歲的決斷	多湖輝著	170 元
4.	銀髮族健身指南	孫瑞台編著	250 元
5.	退休後的夫妻健康生活	施聖茹譯	200 元

・飲 食 保 健・電腦編號 29

1.	自己製作健康茶	大海淳著	220 元
2.	好吃、具藥效茶料理	德永睦子著	220 元
3.	改善慢性病健康藥草茶	吳秋嬌譯	200 元
4.	藥酒與健康果菜汁	成玉編著	250 元
5.	家庭保健養生湯	馬汴梁編著	220 元
6.	降低膽固醇的飲食	早川和志著	200 元
7.	女性癌症的飲食	女子營養大學	280 元
8.	痛風者的飲食	女子營養大學	280 元
9.	貧血者的飲食	女子營養大學	280 元
10.	高脂血症者的飲食	女子營養大學	280 元
11.	男性癌症的飲食	女子營養大學	280 元
12.	過敏者的飲食	女子營養大學	280 元

13. 心臟病的飲食	女子營養大學	280 元
14. 滋陰壯陽的飲食	王增著	220 元
15. 胃、十二指腸潰瘍的飲食	勝健一等著	280 元
16. 肥胖者的飲食	雨宮禎子等著	280 元
17. 癌症有效的飲食	河內卓等著	280 元
18. 糖尿病有效的飲食	山田信博等著	280 元

・家庭醫學保健・電腦編號 30

1. 女性醫學大全	雨森良彥著	380 元
2. 初爲人父育兒寶典	小瀧周曹著	220 元
3. 性活力強健法	相建華著	220 元
4. 30 歲以上的懷孕與生產	李芳黛編著	220 元
5. 舒適的女性更年期	野末悅子著	200 元
6. 夫妻前戲的技巧	笠井寬司著	200 元
7. 病理足穴按摩	金慧明著	220 元
8. 爸爸的更年期	河野孝旺著	200 元
9. 橡皮帶健康法	山田晶著	180 元
10. 三十三天健美減肥	相建華等著	180 元
11. 男性健美入門	孫玉祿編著	180 元
12. 強化肝臟秘訣	主婦　友社編	200 元
13. 了解藥物副作用	張果馨譯	200 元
14. 女性醫學小百科	松山榮吉著	200 元
15. 左轉健康法	龜田修等著	200 元
16. 實用天然藥物	鄭炳全編著	260 元
17. 神秘無痛平衡療法	林宗駛著	180 元
18. 膝蓋健康法	張果馨譯	180 元
19. 針灸治百病	葛書翰著	250 元
20. 異位性皮膚炎治癒法	吳秋嬌譯	220 元
21. 禿髮白髮預防與治療	陳炳崑編著	180 元
22. 埃及皇宮菜健康法	飯森薰著	200 元
23. 肝臟病安心治療	上野幸久著	220 元
24. 耳穴治百病	陳抗美等著	250 元
25. 高效果指壓法	五十嵐康彥著	200 元
26. 瘦水、胖水	鈴木園子著	200 元
27. 手針新療法	朱振華著	200 元
28. 香港腳預防與治療	劉小惠譯	250 元
29. 智慧飲食吃出健康	柯富陽編著	200 元
30. 牙齒保健法	廖玉山編著	200 元
31. 恢復元氣養生食	張果馨譯	200 元
32. 特效推拿按摩術	李玉田著	200 元
33. 一週一次健康法	若狹真著	200 元
34. 家常科學膳食	大塚滋著	220 元
35. 夫妻們閱讀的男性不孕	原利夫著	220 元

36.	自我瘦身美容	馬野詠子著	200 元
37.	魔法姿勢益健康	五十嵐康彥著	200 元
38.	眼病錘療法	馬栩周著	200 元
39.	預防骨質疏鬆症	藤田拓男著	200 元
40.	骨質增生效驗方	李吉茂編著	250 元
41.	蕺菜健康法	小林正夫著	200 元
42.	赧於啟齒的男性煩惱	增田豐著	220 元
43.	簡易自我健康檢查	稻葉允著	250 元
44.	實用花草健康法	友田純子著	200 元
45.	神奇的手掌療法	日比野喬著	230 元
46.	家庭式三大穴道療法	刑部忠和著	200 元
47.	子宮癌、卵巢癌	岡島弘幸著	220 元
48.	糖尿病機能性食品	劉雪卿編著	220 元
49.	奇蹟活現經脈美容法	林振輝編譯	200 元
50.	Super SEX	秋好憲一著	220 元
51.	了解避孕丸	林玉佩譯	200 元
52.	有趣的遺傳學	蕭京凌編著	200 元
53.	強身健腦手指運動	羅群等著	250 元
54.	小周天健康法	莊雯琳譯	200 元
55.	中西醫結合醫療	陳蒼杰譯	200 元
56.	沐浴健康法	楊鴻儒譯	200 元
57.	節食瘦身秘訣	張芷欣編著	200 元
58.	酵素健康法	楊皓譯	200 元
59.	一天 10 分鐘健康太極拳	劉小惠譯	250 元
60.	中老年人疲勞消除法	五味雅吉著	220 元
61.	與齲齒訣別	楊鴻儒譯	220 元
62.	禪宗自然養生法	費德漢編著	200 元
63.	女性切身醫學	編輯群編	200 元
64.	乳癌發現與治療	黃靜香編著	200 元
65.	做媽媽之前的孕婦日記	林慈姮編著	180 元
66.	從誕生到一歲的嬰兒日記	林慈姮編著	180 元
67.	6 個月輕鬆增高	江秀珍譯	200 元

・超經營新智慧・電腦編號 31

1.	躍動的國家越南	林雅倩譯	250 元
2.	甦醒的小龍菲律賓	林雅倩譯	220 元
3.	中國的危機與商機	中江要介著	250 元
4.	在印度的成功智慧	山內利男著	220 元
5.	7-ELEVEN 大革命	村上豐道著	200 元
6.	業務員成功秘方	呂育清編著	200 元
7.	在亞洲成功的智慧	鈴木讓二著	220 元
8.	圖解活用經營管理	山際有文著	220 元
9.	速效行銷學	江尻弘著	220 元

國家圖書館出版品預行編目資料

具佛心享永生／心靈雅集編輯群／編著
－初版－臺北市，大展，民 90
面；21 公分－（心靈雅集；66）
ISBN 957-468-060-6（平裝）
1.佛教－信仰

225.8　　90000120

具佛心享永生

ISBN 957-468-060-6

編 著 者／心靈雅集編輯群
發 行 人／蔡　森　明
出 版 者／大展出版社有限公司
社　　址／台北市北投區（石牌）致遠一路 2 段 12 巷 1 號
電　　話／(02) 28236031・28236033・28233123
傳　　真／(02) 28272069
郵政劃撥／01669551
登 記 證／局版臺業字第 2171 號
承 印 者／高星印刷品行
裝　　訂／日新裝訂所
排 版 者／千兵企業有限公司
初版1刷／2001 年（民 90 年） 3 月
初版發行／2001 年（民 90 年） 5 月

定　價／200 元

大展好書 好書大展

大展好書 好書大展